# 300 tests
CORÉEN

## 김인선
**Inseon KIM-JUQUEL**

# Module 1
## 기초 GITCHÔ (LES BASES)

### Focus  Les voyelles (V) simples

*Corrigé page 12*

*Sélectionnez la bonne translittération.*

1. 아이
   - **A** i-a
   - **B** a-i
   - **C** a-a

2. 오리
   - **A** ô-li
   - **B** you-li
   - **C** ou-you

3. 어디
   - **A** o-di
   - **B** ô-di
   - **C** ou-di

4. 이사
   - **A** i-sa
   - **B** eu-sa
   - **C** eui-sa

5. 은
   - **A** eu
   - **B** eug
   - **C** eun

**Astuce** Le tiret (-) dans la translittération sert à matérialiser la séparation des syllabes. ㅓ **o** se prononce bien ouvert, ㅗ **ô** se prononce bien arrondi et ㅡ **eu** se prononce bien étiré.

### Focus  Les voyelles composées

*Sélectionnez la bonne translittération.*

1. 유리
   - **A** ô-li
   - **B** a-i
   - **C** you-li

2. 요리
   - **A** ô-li
   - **B** yô-li
   - **C** ô-i

3. 우유
   - **A** ou-you
   - **B** you-you
   - **C** you-ou

4. 애
   - **A** ou
   - **B** è
   - **C** wa

## Module 1
## 기초 GITCHÔ (LES BASES)

5. 에너지
   - **A** é-no-dji
   - **B** é-go-dji
   - **C** o-no-dji

**Astuce** Le son [y] s'entend à peine. En coréen moderne, les deux voyelles ㅐ **è** et ㅔ **é** ont tendance à se prononcer de la même manière.

*Sélectionnez la bonne translittération.*

1. 와
   - **A** wang
   - **B** wa
   - **C** ô-a

2. 왜 ?
   - **A** wè
   - **B** wo
   - **C** yo

3. 위
   - **A** ou-i
   - **B** wè
   - **C** wi

4. 의사
   - **A** i-sa
   - **B** eui-sa
   - **C** eu-i-dja

5. 의자
   - **A** eui-dja
   - **B** eui-sa
   - **C** o-dja

6. 예산
   - **A** ou-san
   - **B** yé-san
   - **C** wi-san

**Astuce** Le son [w] s'entend à peine. 의 **eui** se prononce ainsi : ㅡ **eu** étiré puis ㅣ **i** presque simultanément.

## Focus Les consonnes (C) simples

*Sélectionnez la bonne translittération.*

1. 다리
   - **A** da-li
   - **B** ma-li

# Module 1
## 기초 GITCHÔ (LES BASES)

Corrigé page 12

2. 라디오
   - **A** la-di-ô
   - **B** la-dyô

3. 바다
   - **A** bad-a
   - **B** ba-da

4. 고기
   - **A** gô-gi
   - **B** nô-ki

5. 사과
   - **A** sa-gwa
   - **B** ss-gwa

6. 자리
   - **A** sa-li
   - **B** dja-li

7. 존
   - **A** zon
   - **B** djôn

8. 비디오
   - **A** bi-di-ô
   - **B** vi-t$^h$i-ô

**Astuce** 기 **gi** : ㄱ **g** accompagné de ㅣ **i** se prononcent [gui]. Il n'existe pas de caractères correspondant aux sons [z] et [v] en coréen ; il existe en revanche les caractères ㅈ et ㅂ qui se prononcent de manière assez similaire, respectivement [dj] et [b].

## Focus  Les consonnes aspirées

*Sélectionnez la bonne translittération.*

1. 코
   - **A** k$^h$ô
   - **B** gô

2. 토요일
   - **A** ttô-yo-il
   - **B** t$^h$ô-yô-il

3. 초
   - **A** djô
   - **B** tchô

**Module 1**
기초 GITCHÔ (LES BASES)

4. 피
   - **A** bi
   - **B** p^h i

5. 휴지
   - **A** ô-you-dji
   - **B** hyou-dji

6. 프랑스
   - **A** p^h eu-lang-seu
   - **B** beu-lan-seu

7. 차다
   - **A** tcha-da
   - **B** tsa-da

**Astuce** Les consonnes aspirées ㅋ **k^h**, ㅌ **t^h**, ㅍ **p^h**, ㅎ **h**, ㅊ **tch** sont vraiment aspirées comme en anglais. Le son [f] n'existe pas en coréen mais il se rapproche toutefois de ㅍ **p^h**.

## Focus Les consonnes doubles

*Sélectionnez la bonne translittération.*

1. 딸
   - **A** t^h al
   - **B** ttal

2. 꿈
   - **A** kkoum
   - **B** gôm

3. 뽀뽀
   - **A** ppô-ppô
   - **B** bobo

4. 싸움
   - **A** tsa-oum
   - **B** ssa-oum

5. 짜다
   - **A** tsa-da
   - **B** tcha-da

**Astuce** Les consonnes doubles ㄲ **kk**, ㄸ **tt**, ㅃ **pp**, ㅆ **ss**, ㅉ **ts** se prononcent en commençant par une sorte de blocage.

## Module 1
## 기초 GITCHÔ (LES BASES)

### Focus Distinguer les consonnes

*Sélectionnez la bonne translittération.*

Corrigé page 12

1. 토끼
   - A  tʰô-kki
   - B  dô-gi
   - C  dô-kki

2. 휴지통
   - A  hyou-dji-tʰông
   - B  hyou-dji-dông
   - C  you-tchi-dông

3. 빵
   - A  ppang
   - B  bang
   - C  pʰang

4. 방
   - A  ppang
   - B  pʰang
   - C  bang

5. 도끼
   - A  tʰô-gi
   - B  tʰô-kki
   - C  dô-kki

6. 달
   - A  tʰal
   - B  dal
   - C  ttal

7. 동
   - A  ttông
   - B  tʰông
   - C  dông

**Astuce** Il faut bien distinguer les trois groupes de consonnes en prenant en compte la quantité d'air expiré. Pour vous aider, voyez le schéma suivant, qui va du plus vers le moins : consonne aspirée > consonne simple > consonne double.

### Focus Les syllabes de type CV

*Sélectionnez la bonne translittération.*

1. 이
   - A  i
   - B  ngi

2. 오
   - A  hô
   - B  ô

# Module 1
## 기초 GITCHÔ (LES BASES)

3. 가다
   - **A** ga-da
   - **B** gad-a

4. 모기
   - **A** mô-gi
   - **B** môg-i

5. 파리
   - **A** ppa-li
   - **B** pʰa-li

**Astuce** En coréen, une syllabe commence obligatoirement par une consonne et si on ne l'entend pas, il faut placer la consonne muette ㅇ.

## Focus Les syllabes de type CVC

*Sélectionnez la bonne translittération.*

1. 일
   - **A** lil
   - **B** il

2. 목
   - **A** môg
   - **B** môn

3. 꽃
   - **A** kkôtch
   - **B** nôs

4. 응
   - **A** eung
   - **B** eu

5. 밥
   - **A** bab
   - **B** bam

6. 먹다
   - **A** mog-da
   - **B** moun-da

7. 옷
   - **A** ôs
   - **B** ô-seu

**Astuce** Dans le cas des syllabes CVC, une même consonne peut se prononcer différemment selon sa position. Par exemple, ㅇ est muette à la place de consonne initiale mais se prononce [ng] lorsqu'elle est en position finale.

# Module 1
## 기초 GITCHÔ (LES BASES)

**Focus** **Écrire en hangeul**

*Corrigé page 12*

*Sélectionnez la forme correcte en hangeul.*

1. a-ppa
   - A 오빠
   - B 아빠
   - C ㅏ빠

2. om-ma
   - A ㅓㅁㅏ
   - B 엄마
   - C 어마

3. nou-na
   - A 눈아
   - B 구나
   - C 누나

4. dông-sèng
   - A 동생
   - B 덩생
   - C 도새

5. han-goug
   - A 항국
   - B 한국
   - C 안국

6. na-la
   - A 나라
   - B 가다
   - C 날아

7. môm
   - A 모ㅁ
   - B ㅁㅗㅁ
   - C 몸

8. tchèg
   - A 책
   - B 채ㄱ
   - C 챙

9. ol-goul
   - A 얼굴
   - B 올골
   - C ㅓㄹㄱㅜㄹ

10. han-geul
    - A 항글
    - B 학교
    - C 한글

**Astuce** Une syllabe s'écrit dans un carré et il faut bien respecter sa structure (CV ou CVC).

## Module 1
### 단어 DANO (VOCABULAIRE)

**Noms**

| | |
|---|---|
| 아이 a'i | *enfant* |
| 오리 ôli | *canard* |
| 이사 isa | *déménagement*, *emménagement* |
| 은 eun | *argent* (métal) |
| 유리 youli | *verre* (matière) |
| 요리 yôli | *cuisine* (plat) |
| 우유 ouyou | *lait* |
| 애 è | *gosse* |
| 에너지 énodji | *énergie* |
| 위 wi | *estomac* |
| 의사 euisa | *médecin* |
| 의자 euidja | *chaise* |
| 예산 yésan | *budget* |
| 다리 dali | *jambe* |
| 라디오 ladiô | *radio* |
| 바다 bada | *mer* |
| 고기 gôgi | *viande* |
| 사과 sagwa | *pomme* |
| 자리 djali | *place* (endroit) |
| 존 djôn | *zone* |
| 비디오 bidiô | *vidéo* |
| 코 kʰô | *nez* |
| 토요일 tʰôyôil | *samedi* |
| 초 tchô | *bougie* |
| 피 pʰi | *sang* |

## Module 1
### 단어 DANO (VOCABULAIRE)

| | |
|---|---|
| 휴지 hyoudji | *mouchoir en papier* |
| 프랑스 pʰeulangseu | *France* |
| 딸 ttal | *fille* |
| 꿈 kkoum | *rêve* |
| 뽀뽀 ppôppô | *bisou* |
| 싸움 ssaoum | *dispute* |
| 토끼 tʰôkki | *lapin* |
| 휴지통 hyoudjitʰông | *poubelle* |
| 빵 ppang | *pain* |
| 방 bang | *chambre* |
| 도끼 dôkki | *hache* |
| 달 dal | *lune* |
| 동 dông | *est* |
| 이 i | *dent* |
| 모기 môgi | *moustique* |
| 파리 pʰali | *mouche* |
| 목 môg | *cou* |
| 꽃 kkôtch | *fleur* |
| 밥 bab | *riz* (cuit) |
| 옷 ôs | *vêtement* |
| 오빠 oppa | *grand frère* (employé par une fille) |
| 엄마 omma | *maman* |
| 누나 nouna | *grande sœur* (employé par un garçon) |
| 동생 dôngsèng | *petit frère / petite sœur* |
| 한국 han'goug | *Corée* |

# Module 1
## 단어 DANO (VOCABULAIRE)

| | | |
|---|---|---|
| 나라 nala | | *pays* |
| 몸 môm | | *corps* |
| 책 tchèg | | *livre* |
| 얼굴 olgoul | | *visage* |
| 한글 han'geul | | *hangeul* (alphabet coréen) |

**Astuce** Le nom en coréen n'a pas de genre (masculin/féminin) et il ne nécessite pas d'article (in)défini : *un*, *une*, *le*, *la*.

### Adverbes, interjections, chiffres

| | | |
|---|---|---|
| 어디 o-di | | *où* |
| 와 wa | | *waouh* |
| 왜 wè | | *pourquoi* |
| 오 ô | | *cinq* |
| 일 il | | *un* (chiffre) |
| 응 eung | | *oui* (familier) |

### Verbes

| | | |
|---|---|---|
| 차다 ga-da | | *être froid* |
| 짜다 tsa-da | | *être salé* |
| 가다 ga-da | | *aller* |
| 먹다 mog-da | | *manger* |

**Astuce** L'infinitif se termine toujours par 다 **-da**. Le verbe ne se conjugue pas selon le genre et le nombre mais selon le style de politesse choisi. Vous le verrez très prochainement.

## Module 1
### CORRIGÉ

## 기초 gitchô

VOTRE SCORE :

**PAGE 2**
Les voyelles (V) simples
1 **B** 2 **A** 3 **A** 4 **A** 5 **C**

**PAGES 2-3**
Les voyelles composées
1 **C** 2 **B** 3 **A** 4 **B** 5 **A**
1 **B** 2 **A** 3 **C** 4 **B** 5 **A** 6 **B**

**PAGES 3-4**
Les consonnes (C) simples
1 **A** 2 **A** 3 **B** 4 **A** 5 **A** 6 **B** 7 **B** 8 **A**

**PAGES 4-5**
Les consonnes aspirées
1 **A** 2 **B** 3 **B** 4 **B** 5 **B** 6 **A** 7 **A**

**PAGE 5**
Les consonnes doubles
1 **B** 2 **A** 3 **A** 4 **B** 5 **A**

**PAGE 6**
Distinguer les consonnes
1 **A** 2 **A** 3 **A** 4 **C** 5 **C** 6 **B** 7 **C**

**PAGES 6-7**
Les syllabes de type CV
1 **A** 2 **B** 3 **A** 4 **A** 5 **B**

**PAGE 7**
Les syllabes de type CVC
1 **B** 2 **A** 3 **A** 4 **A** 5 **A** 6 **A** 7 **A**

**PAGE 8**
Écrire en hangeul
1 **B** 2 **B** 3 **C** 4 **A** 5 **B** 6 **A** 7 **C** 8 **A** 9 **A** 10 **C**

---

**Vous avez obtenu entre 0 et 16 ?** Reprenez chaque question en regardant les endroits où vous avez fait des erreurs.

**Vous avez obtenu entre 17 et 33 ?** C'est très moyen, mais ne vous découragez pas.

**Vous avez obtenu entre 34 et 49 ?** Formidable ! Analysez les erreurs et, si besoin, révisez la ou les notions que vous ne maîtrisez pas complètement.

**Vous avez obtenu 50 et plus ?** 참 잘했어요 ! tcham djalhèssoyô

# Module 2
기초 GITCHÔ

## Focus — Les verbes à l'infinitif

*Pour chaque verbe, sélectionnez la traduction correcte.*

Corrigé page 24

1. manger
   - **A** 먹어요
   - **B** 먹어
   - **C** 먹다

2. dormir
   - **A** 가다
   - **B** 자다
   - **C** 사요

3. aller
   - **A** 자요
   - **B** 가다
   - **C** 옵니다

4. venir
   - **A** 오다
   - **B** 있어요
   - **C** 와요

5. boire
   - **A** 마셔요
   - **B** 맛있어요
   - **C** 마시다

**Astuce** Le verbe se compose d'un radical et d'une terminaison. Le radical sert à donner la signification et la terminaison sert à identifier le mode de la phrase. Par exemple, un radical auquel on adjoint la terminaison -다 **-da** indique qu'il s'agit d'un verbe à l'infinitif.

## Focus — Le radical des verbes

*Trouvez le radical des verbes.*

1. 이다, être
   - **A** 다
   - **B** 이
   - **C** 입

2. 맛있다, être délicieux
   - **A** 마시
   - **B** 맛있
   - **C** 있

3. 있다, il y a... (littéralement « exister »)
   - **A** 있
   - **B** 이
   - **C** 맛있

4. 주다, donner
   - **A** 주었
   - **B** 줄
   - **C** 주

## Module 2
기초 GITCHÔ

*Corrigé page 24*

5. 보다, voir, regarder

- **A** 보
- **B** 봐
- **C** 부

**Astuce** Pour trouver le radical d'un verbe, c'est très simple. Il faut juste enlever la terminaison -다 -da, terminaison de l'infinitif.

### Focus Les verbes d'état

*Pour chaque phrase, retrouvez parmi les propositions le verbe d'état coréen équivalent aux éléments soulignés.*

1. Je <u>suis</u> médecin.
   - **A** 가다
   - **B** 이다

2. <u>C'est délicieux</u>.
   - **A** 맛있다
   - **B** 먹다

3. <u>Il y a</u> une personne.
   - **A** 있다
   - **B** 보다

4. <u>C'est froid</u>.
   - **A** 차다
   - **B** 자다

5. <u>C'est salé</u>.
   - **A** 자다
   - **B** 짜다

### Focus Les verbes d'action

*Pour chaque phrase, retrouvez parmi les propositions le verbe d'action coréen équivalent aux éléments soulignés.*

1. Je <u>vais</u> en Corée.
   - **A** 가다
   - **B** 이다

2. Je <u>mange</u> une pomme.
   - **A** 맛있다
   - **B** 먹다

**Module 2**
기초 GITCHÔ

3. Je <u>regarde</u> une personne.
   - **A** 있다
   - **B** 보다

4. Je <u>dors</u>.
   - **A** 차다
   - **B** 자다

5. Je <u>bois</u> du lait.
   - **A** 마시다
   - **B** 맛있다

**Astuce** Il existe donc deux types de verbes en coréen : les verbes d'état et les verbes d'action. Les verbes d'état servent à décrire, présenter l'état, le statut du sujet alors que les verbes d'action servent à énoncer l'action du sujet. Notez qu'en coréen, le sujet est très souvent omis.

## Focus L'ordre des mots (dans les phrases avec verbe d'état)

*Sélectionnez la bonne traduction.*

**Corrigé page 24**

1. C'est délicieux.
   - **A** 맛있다.
   - **B** 있다.

2. La viande est délicieuse.
   - **A** 고기가 맛있다.
   - **B** 맛있다 고기.

3. Il y en a.
   - **A** 있다.
   - **B** 없다.

4. Il y a un enfant.
   - **A** 아이가 있다.
   - **B** 있다 아이.

5. C'est salé.
   - **A** 사다.
   - **B** 짜다.

6. Le plat est salé.
   - **A** 짜다 음식.
   - **B** 음식이 짜다.

7. C'est grand.
   - **A** 크다.
   - **B** 있다.

## Module 2
기초 GITCHÔ

Corrigé page 24

8. Le livre est grand.
   - **A** 책이 크다.
   - **B** 크다 책.

9. C'est petit.
   - **A** 크다.
   - **B** 작다.

10. Le lapin est petit.
    - **A** 토끼가 작다.
    - **B** 작다 토끼.

**Astuce** Sauf cas particuliers (littérature etc.), l'ordre des mots en coréen est principalement le suivant : sujet (S), objet (O), verbe (V). Le sujet et l'objet peuvent être omis s'il n'y a pas d'ambiguïté. Le verbe se trouve toujours à la fin de la phrase.

### Focus Les verbes d'état : traduction

*Sélectionnez la bonne traduction.*

1. 좋다.
   - **A** C'est bien.
   - **B** Je t'aime.

2. 날씨가 좋다.
   - **A** Il fait beau. (litt. « le temps est bien »)
   - **B** J'achète un vêtement.

3. 기분이 좋다.
   - **A** Il fait beau. (litt. « le temps est bien »)
   - **B** Je suis de bonne humeur. (litt. « humeur est bien »)

4. 나쁘다.
   - **A** C'est mauvais.
   - **B** C'est bien.

5. 날씨가 나쁘다.
   - **A** C'est mauvais.
   - **B** Il fait mauvais. (litt. « le temps est mauvais »)

**Module 2**
기초 GITCHÔ

6. 기분이 나쁘다.

   **A** Je suis de bonne humeur. (litt. « humeur est bien »)

   **B** Je suis de mauvaise humeur. (litt. « humeur est mauvais »)

**Astuce** Le verbe d'état nécessite un sujet, qui peut être omis s'il n'y a pas d'ambiguïté. Vous aurez certainement remarqué certains éléments (ex. 이 **i** ou 가 **ga**) accolés au sujet. Il s'agit de particules de sujet.

## Focus L'ordre des mots (dans les phrases avec verbe d'action)

*Sélectionnez la bonne traduction.*

Corrigé page 24

1. Je regarde.

   **A** 사다.   **B** 보다.

2. Je te regarde.

   **A** 있다.   **B** 보다.

3. Tu me regardes.

   **A** 보다.   **B** 크다.

4. Je regarde une fleur.

   **A** 보다 꽃.   **B** 꽃을 보다.

5. Je l'achète.

   **A** 사다.   **B** 보다.

6. J'achète des vêtements.

   **A** 사다 옷.   **B** 옷을 사다.

7. J'en bois.

   **A** 마시다.   **B** 맛있다.

8. Je bois du lait.

   **A** 우유를 마시다.   **B** 마시다 우유.

## Module 2

기초 GITCHÔ

*Corrigé page 24*

9. Je te le donne.
   - **A** 사다.
   - **B** 주다.

10. Je donne un livre.
    - **A** 주다 책.
    - **B** 책을 주다.

**Astuce** Les verbes d'action nécessitent un sujet et un complément d'objet (direct, indirect), qui peuvent tous deux être omis. Dans certains exemples de l'exercice précédent, les éléments accolés 을 **eul** 를 **leul** sont la particule d'objet direct.

### Focus Les verbes d'action : traduction

*Sélectionnez la bonne traduction.*

1. 꽃을 사다.
   - **A** Il y a une fleur.
   - **B** J'achète une fleur.

2. 영화를 보다.
   - **A** J'aime le film.
   - **B** Je regarde un film.

3. 우유를 주다.
   - **A** Je bois du lait.
   - **B** Je donne du lait.

4. 물을 마시다.
   - **A** Je bois de l'eau.
   - **B** Le bébé boit du lait.

5. 빵을 먹다.
   - **A** J'achète du pain.
   - **B** Je mange du pain.

6. 하다.
   - **A** Je le fais.
   - **B** Je l'achète.

7. 사랑하다.
   - **A** Je l'aime.
   - **B** Je le donne.

8. 엄마를 사랑하다.
   - **A** Je t'aime.
   - **B** J'aime ma maman.

## Module 2
## 기초 GITCHÔ

**Focus** L'ordre des éléments dans les groupes de mots

*Trouvez la traduction correspondante.*

Corrigé page 24

1. 선생님 딸
   - **A** professeur, fille
   - **B** la fille du professeur

2. 선생님 딸 다니
   - **A** professeur, fille, Dani
   - **B** Dani, la fille du professeur

3. 선생님 아들
   - **A** le fils du professeur
   - **B** professeur, fils

4. 선생님 아들 쥬니
   - **A** professeur, fils, Juni
   - **B** Juni, le fils du professeur

5. 선생님 남편
   - **A** le mari du professeur
   - **B** le professeur de mon mari

6. 선생님 남편 다비드
   - **A** David, le mari du professeur
   - **B** le professeur de mon mari David

7. 다니의 신발
   - **A** les chaussures de Dani
   - **B** Dani et les chaussures

8. 쥬니의 가방
   - **A** les chaussures de Juni
   - **B** le sac de Juni

9. 엄마의 차
   - **A** maman et la voiture
   - **B** la voiture de maman

**Astuce** L'ordre des groupes des mots en coréen est inversé par rapport au français. Par exemple, pour dire « la voiture de maman », on dira, littéralement, « la maman de voiture ». La préposition « de » existe en coréen, il s'agit de la particule 의 **eui**, qui s'accole au nom. Son emploi est très souvent omis.

# Module 2
기초 GITCHÔ

## Focus | Exercice de traduction

*Sélectionnez la bonne traduction.*

Corrigé page 24

1. 가방이 크다.
   - **A** Il y a un sac.
   - **B** Il fait beau.
   - **C** Le sac est grand.

2. 다니의 가방이 크다.
   - **A** Le sac de Dani est grand.
   - **B** Il y a le sac de Dani.
   - **C** J'achète le sac de Dani.

3. 신발을 사다.
   - **A** Les chaussures sont grandes.
   - **B** J'achète des chaussures.
   - **C** Les chaussures sont bon marché.

4. 쥬니 신발을 사다.
   - **A** Juni achète des chaussures.
   - **B** Les chaussures de Juni sont bon marché.
   - **C** J'achète les chaussures de Juni.

5. Je regarde papa.
   - **A** 아빠를 보다.
   - **B** 보다 아빠.
   - **C** 엄마를 보다.

6. La pomme est délicieuse.
   - **A** 맛있다 사과.
   - **B** 사과가 맛있다.
   - **C** 고기가 맛있다.

**Module 2**
기초 GITCHÔ

7. Il y a une poubelle.
   - **A** 휴지통이 있다.
   - **B** 휴지통이 없다.
   - **C** 있다 휴지통.

8. Mon petit frère est gentil.
   - **A** 남동생이 착하다.
   - **B** 남동생이 있다.
   - **C** 착하다 동생.

9. Ma grande sœur est jolie. (énoncé par le petit frère)
   - **A** 동생이 있다.
   - **B** 누나가 있다.
   - **C** 누나가 예쁘다.

10. Ce vêtement est grand.
    - **A** 크다 옷.
    - **B** 옷이 크다.
    - **C** 옷이다.

**Astuce** L'adjectif possessif (*mon*, *ma* etc.) et l'adjectif démonstratif (*ce* etc.) existent également en coréen mais ils sont très peu employés.

# Module 2
단어 DANO

## Noms

| | |
|---|---|
| 음식 eumsig | *plat* |
| 날씨 nalssi | *temps* (météo) |
| 기분 giboun | *humeur* |
| 영화 yonghwa | *film* |
| 물 moul | *eau* |
| 선생님 sonsèngnim | *professeur* |
| 아들 adeul | *fils* |
| 남편 namp$^h$yon | *mari* |
| 신발 sinbal | *chaussure* |
| 가방 gabang | *sac* |
| 차 tcha | *voiture* |
| 아빠 appa | *papa* |
| 남동생 namdôngsèng | *petit frère* |

**Astuce** Le nom en coréen ne nécessite pas d'article partitif : *de la*, *du*, *des*.

## Particules

| | |
|---|---|
| 이/가 i/ga | particule de sujet |
| 을/를 eul/leul | particule d'objet direct |
| 의 eui | particule possessive |

**Astuces** Une particule s'accole à la fin de l'élément à définir.

## Verbes

| | |
|---|---|
| 자다 dja-da | *dormir* |
| 오다 ô-da | *venir* |

**Module 2**
단어 DANO

| | |
|---|---|
| 마시다 masi-da | *boire* |
| 이다 i-da | *être* |
| 맛있다 masiss-da | *être délicieux* |
| 있다 iss-da | *il y a* (litt. « exister ») |
| 주다 djou-da | *donner* |
| 보다 bô-da | *regarder*, *voir* |
| 없다 obs-da | *il n'y a pas* (litt. « ne pas exister ») |
| 크다 kʰeu-da | *être grand* |
| 작다 djag-da | *être petit* |
| 좋다 djôh-da | *être bien* |
| 나쁘다 nappeu-da | *être mauvais* |
| 하다 ha-da | *faire* |
| 사랑하다 salangha-da | *aimer* |
| 착하다 tchagha-da | *être gentil* |
| 예쁘다 yéppeu-da | *être joli* |

## Module 2
CORRIGÉ

## 기초 gitchô

**VOTRE SCORE :**

**PAGE 13**
Les verbes à l'infinitif
1 **C**  2 **B**  3 **B**  4 **A**  5 **C**

**PAGES 13-14**
Le radical des verbes
1 **B**  2 **B**  3 **A**  4 **C**  5 **A**

**PAGE 14**
Les verbes d'état
1 **B**  2 **A**  3 **A**  4 **A**  5 **B**

**PAGES 14-15**
Les verbes d'action
1 **A**  2 **B**  3 **B**  4 **B**  5 **A**

**PAGES 15-16**
L'ordre des mots (dans les phrases avec verbe d'état)
1 **A**  2 **A**  3 **A**  4 **A**  5 **B**  6 **B**  7 **A**  8 **A**  9 **B**  10 **A**

**PAGES 16-17**
Les verbes d'état : traduction
1 **A**  2 **A**  3 **B**  4 **A**  5 **B**  6 **B**

**PAGES 17-18**
L'ordre des mots (dans les phrases avec verbe d'action)
1 **B**  2 **B**  3 **A**  4 **B**  5 **A**  6 **B**  7 **A**  8 **A**  9 **B**  10 **B**

**PAGE 18**
Les verbes d'action : traduction
1 **B**  2 **B**  3 **B**  4 **A**  5 **B**  6 **A**  7 **A**  8 **B**

**PAGE 19**
L'ordre des éléments dans les groupes de mots
1 **B**  2 **B**  3 **A**  4 **B**  5 **A**  6 **A**  7 **A**  8 **A**  9 **B**

**PAGES 20-21**
Exercice de traduction
1 **C**  2 **A**  3 **B**  4 **C**  5 **A**  6 **B**  7 **A**  8 **A**  9 **C**  10 **B**

---

**Vous avez obtenu entre 0 et 18 ?** Reprenez chaque question en regardant les endroits où vous avez fait des erreurs.

**Vous avez obtenu entre 19 et 37 ?** C'est très moyen, mais ne vous découragez pas.

**Vous avez obtenu entre 38 et 56 ?** Formidable ! Analysez les erreurs et, si besoin, révisez la ou les notions que vous ne maîtrisez pas complètement.

**Vous avez obtenu 57 et plus ?** 참 잘했어요 ! tcham djalhèssoyô

# Module 3
## 기초 GITCHÔ

## Focus  Les particules de sujet

*Complétez les phrases à l'aide de la bonne particule de sujet.*

Corrigé page 31

1. 음식____ 맛있다, Ce plat est délicieux.
   - **A** 이
   - **B** 가

2. 친구____ 있다, Il y a des amis. (litt. « ami exister »)
   - **A** 이
   - **B** 가

3. 선생님____ 없다, Il n'y a pas de professeur. (litt. « professeur ne pas exister »)
   - **A** 이
   - **B** 가

4. 종이____ 가볍다, Le papier est léger.
   - **A** 이
   - **B** 가

## Focus  Les particules d'objet direct

*Complétez les phrases à l'aide de la bonne particule d'objet direct.*

1. 동물____ 사랑하다, J'aime les animaux.
   - **A** 을
   - **B** 를

2. 물건____ 사다, J'achète des articles.
   - **A** 을
   - **B** 를

3. 편지____ 쓰다, J'écris une lettre.
   - **A** 을
   - **B** 를

4. 책____ 읽다, Je lis un livre.
   - **A** 을
   - **B** 를

# Module 3
기초 GITCHÔ

Corrigé page 31

### Focus 이다, « être »

*Complétez les phrases à l'aide de la bonne particule de thème.*

1. 다니___ 딸이다, Dani est une fille.
   - **A** 은
   - **B** 는

2. 쥬니___ 아들이다, Juni est un garçon.
   - **A** 은
   - **B** 는

3. 아빠___ 회사원이다, Papa est employé d'une entreprise.
   - **A** 은
   - **B** 는

4. 엄마___ 선생님이다, Maman est professeur.
   - **A** 은
   - **B** 는

**Astuce** Le sujet employé en tant que pronom personnel nécessite la présence d'une particule de thème (은 **eun** ou 는 **neun**).

### Focus 아니다, « ne pas être »

*Complétez les phrases à l'aide de la bonne particule de sujet.*

1. 딸___ 아니다, Elle n'est pas ma fille.
   - **A** 은
   - **B** 이

2. 아들___ 아니다, Il n'est pas mon fils.
   - **A** 이
   - **B** 가

3. 회사원___ 아니다, Il n'est pas employé d'une entreprise.
   - **A** 을
   - **B** 이

4. 선생님___ 아니다, Je ne suis pas professeur.
   - **A** 가
   - **B** 이

**Astuce** Le verbe coréen 아니다 « ne pas être qqch. » se forme ainsi avec la particule de sujet : 아이가 아닙니다, *Je ne suis pas un enfant.*

# Module 3
기초 GITCHÔ

## Focus  Les particules de thème et les particules de sujet

*Complétez les phrases à l'aide de la bonne particule.*

Corrigé page 31

1. 쥬니___ 딸이 아니다, Juni n'est pas une fille.
   - **A** 는
   - **B** 를

2. 다니___ 아들이 아니다, Dani n'est pas un garçon.
   - **A** 에게
   - **B** 는

3. 엄마는 회사원___ 아니다, Maman n'est pas employée d'une entreprise.
   - **A** 가
   - **B** 이

4. 아빠___ 선생님이 아니다, Papa n'est pas professeur.
   - **A** 는
   - **B** 에게

**Astuce** On rencontre souvent en coréen des phrases où se côtoient deux sujets. Le sujet qui régit la phrase complète est marqué de la particule de thème alors que le sujet qui ne régit que le verbe est marqué de la particule de sujet.

## Focus  있다, « il y a », et 없다, « il n'y a pas »

*Complétez les phrases à l'aide de la bonne particule de sujet.*

1. 사탕___ 있다, Il y a des bonbons.
   - **A** 이
   - **B** 가

2. 책___ 많다, Il y a beaucoup de livres.
   - **A** 이
   - **B** 가

3. 아이스크림___ 없다, Il n'y a pas de crème glacée.
   - **A** 이
   - **B** 가

4. 학생___ 없다, Il n'y a pas d'étudiant.
   - **A** 이
   - **B** 가

**Astuce** Les verbes 있다 **issda** et 없다 **obsda** nécessitent un sujet, que l'on marque alors de la particule de sujet.

## Module 3
기초 GITCHÔ

### Focus  Les verbes d'état (suite)

*Complétez les phrases à l'aide de la bonne particule de sujet.*

1. 신발____ 더럽다, Les chaussures sont sales.
   - **A** 이
   - **B** 가

2. 옷____ 깨끗하다, Les vêtements sont propres.
   - **A** 이
   - **B** 가

3. 머리____ 길다, Les cheveux sont longs.
   - **A** 이
   - **B** 가

**Astuce** En général, le verbe d'état a besoin d'un sujet.

### Focus  Les particules d'objet indirect

*Complétez les phrases à l'aide de la bonne particule.*

1. 사탕을 남동생____ 주다, Je donne des bonbons à mon petit frère.
   - **A** 가
   - **B** 에게
   - **C** 를

2. 친구____ 전화하다, Je téléphone à un ami.
   - **A** 에게
   - **B** 은
   - **C** 을

### Focus  Exercices de traduction

*Sélectionnez la bonne traduction.*

1. Je suis étudiant.
   - **A** 학생이다.
   - **B** 학생이 있다.

2. Il y a un ordinateur.
   - **A** 컴퓨터가 없다.
   - **B** 컴퓨터가 있다.

3. Je donne un livre.
   - **A** 책이 주다.
   - **B** 책을 주다.

Corrigé page 31

**Module 3**
기초 GITCHÔ

4. Je donne un livre à un étudiant.
   - **A** 책을 학생에게 주다.
   - **B** 학생이 책을 주다.

*Sélectionnez la bonne traduction.*

**Corrigé page 31**

1. 동물이 많다.
   - **A** Ce ne sont pas des animaux.
   - **B** Il y a beaucoup d'animaux.

2. 동물을 좋아하다.
   - **A** J'aime les animaux.
   - **B** Les animaux m'aiment.

3. 사탕이 맛있다.
   - **A** J'ai un bonbon.
   - **B** Le bonbon est bon.

4. 사탕을 좋아하다.
   - **A** J'aime les bonbons.
   - **B** On me donne des bonbons.

5. 친구가 아이스크림을 주다.
   - **A** Je donne une glace à un ami.
   - **B** Un ami me donne une glace.

6. 친구에게 아이스크림을 주다.
   - **A** Je donne une glace à un ami.
   - **B** Un ami me donne une glace.

## Module 3
단어 DANO

### Noms

| | |
|---|---|
| 친구 tchin'gou | *ami* |
| 종이 djông'i | *papier* |
| 동물 dôngmoul | *animal* |
| 물건 moulgon | *article* (objet) |
| 편지 pʰyondji | *lettre* |
| 회사원 hwésawon | *employé d'une société* |
| 여동생 yodôngsèng | *petite sœur* |
| 사탕 satʰang | *bonbon* |
| 아이스크림 a'iseukʰeulim | *glace (crème glacée)* |
| 학생 hagsèng | *étudiant* |
| 머리 moli | *cheveux* |
| 컴퓨터 kʰompʰyoutʰo | *ordinateur* |

### Particules

| | |
|---|---|
| 은/는 eun/neun | particule de thème |
| 에게 égé | particule d'objet indirect |

### Verbes

| | |
|---|---|
| 가볍다 gabyob-da | *être léger* |
| 쓰다 sseu-da | *écrire* |
| 읽다 ilg-da | *lire* |
| 아니다 ani-da | *ne pas être* |
| 많다 manh-da | *être nombreux* |
| 더럽다 dolob-da | *être sale* |
| 깨끗하다 kkèkkeusha-da | *être propre* |
| 길다 gil-da | *être long* |
| 전화하다 djonhwaha-da | *téléphoner* |
| 선물하다 sonmoulha-da | *offrir un cadeau* |

**Module 3**
CORRIGÉ

## 기초 gitchô

**PAGE 25**
Les particules de sujet
1 **A**  2 **B**  3 **A**  4 **B**

Les particules d'objet direct
1 **A**  2 **A**  3 **B**  4 **A**

---

**PAGE 26**
이다, *être*
1 **B**  2 **B**  3 **B**  4 **B**

아니다, *ne pas être*
1 **B**  2 **A**  3 **B**  4 **B**

---

**PAGE 27**
Les particules de thème et les particules de sujet
1 **A**  2 **B**  3 **B**  4 **A**

있다, *il y a*, et 없다, *il n'y a pas*
1 **A**  2 **A**  3 **A**  4 **A**

---

**PAGE 28**
Les verbes d'état (suite)
1 **A**  2 **A**  3 **B**

Les particules d'objet indirect
1 **B**  2 **A**

---

**PAGES 28-29**
Exercices de traduction
1 **A**  2 **B**  3 **B**  4 **A**
1 **B**  2 **A**  3 **B**  4 **A**  5 **B**  6 **A**

---

**Vous avez obtenu entre 0 et 9 ?** Reprenez chaque question en regardant les endroits où vous avez fait des erreurs.

**Vous avez obtenu entre 10 et 19 ?** C'est très moyen, mais ne vous découragez pas.

**Vous avez obtenu entre 20 et 29 ?** Formidable ! Analysez les erreurs et, si besoin, révisez la ou les notions que vous ne maîtrisez pas complètement.

**Vous avez obtenu 30 et plus ?** 참 잘했어요 ! tcham djalhèssoyô

## Module 4
기초 GITCHÔ

### Focus — Les particules de lieu

*Corrigé page 39*

*Sélectionnez la particule correcte pour compléter les phrases.*

1. 놀이터____ 가다, Je vais à l'aire de jeux.
   - **A** 이
   - **B** 가
   - **C** 에
   - **D** 를

2. 시장____ 가다, Je vais au marché.
   - **A** 에
   - **B** 를
   - **C** 은
   - **D** 에서

3. 놀이터____ 돌아오다, Je rentre de l'aire de jeux.
   - **A** 에서
   - **B** 가
   - **C** 이
   - **D** 는

4. 시장____ 돌아오다, Je rentre du marché.
   - **A** 을
   - **B** 를
   - **C** 에서
   - **D** 은

5. 은행____ 가다, Je vais à la banque.
   - **A** 에
   - **B** 에서
   - **C** 이
   - **D** 은

6. 은행____ 오다, Je viens de la banque.
   - **A** 에
   - **B** 에서
   - **C** 이
   - **D** 은

**Astuce** Quand on emploie la particule de lieu, il faut bien distinguer la destination (on accole 에 **é**) et la provenance (on accole 에서 **éso**).

### Focus — Exercice de traduction : les particules de lieu

*Sélectionnez la bonne traduction.*

1. 학교에 가다.
   - **A** Je suis à l'école.
   - **B** Je vais à l'école.

2. 학교에서 오다.
   - **A** J'arrive à l'école.
   - **B** Je rentre de l'école.

3. Je rentre du zoo.
   - **A** 동물원에 가다.
   - **B** 동물원에서 오다.

4. Je vais au zoo.
   - **A** 동물원에 가다.
   - **B** 동물원에서 오다.

# Module 4
기초 GITCHÔ

## Focus — Les particules de lieu (localisation)

*Complétez les phrases à l'aide de la bonne particule.*

Corrigé page 39

1. 지갑___ 있다, C'est dans le portefeuille.
   - **A** 에
   - **B** 에서

2. 차___ 있다, C'est dans la voiture.
   - **A** 가
   - **B** 에

3. 교실___ 있다, C'est dans la salle de classe.
   - **A** 이
   - **B** 에

4. 집___ 있다, Je suis à la maison.
   - **A** 에
   - **B** 이

5. 한국___ 있다, Je suis en Corée.
   - **A** 을
   - **B** 에

**Astuce** Pour marquer la localisation, il faut employer la particule de lieu 에 *é*.

## Focus — Exercice de traduction

*Sélectionnez la bonne traduction.*

1. 지갑이 있다.
   - **A** C'est dans le portefeuille.
   - **B** Il y a un portefeuille.

2. 지갑을 사다.
   - **A** J'achète un portefeuille.
   - **B** Je donne un portefeuille.

3. 지갑에 돈이 있다.
   - **A** Il y a de l'argent dans le portefeuille.
   - **B** Il y a un portefeuille.

4. Je suis à Séoul.
   - **A** 서울이 있다.
   - **B** 서울에 있다.

## Module 4
기초 GITCHÔ

### Focus — Verbes d'action et particules de lieu

*Complétez les phrases à l'aide de la bonne particule.*

Corrigé page 39

1. 놀이터____ 놀다, Je joue à l'aire de jeux.
   - **A** 에
   - **B** 를
   - **C** 에서
   - **D** 을

2. 시장____ 고기를 사다, J'achète de la viande au marché.
   - **A** 에서
   - **B** 에
   - **C** 이
   - **D** 은

3. 은행____ 돈을 보내다, J'envoie de l'argent dans une banque.
   - **A** 이
   - **B** 에서
   - **C** 은
   - **D** 에

4. 집____ 책을 읽다, Je lis un livre à la maison.
   - **A** 에
   - **B** 이
   - **C** 을
   - **D** 에서

**Astuce** Pour marquer le lieu d'une action, il faut employer la particule de lieu 에서 **éso**.

### Focus — Exercice de traduction

*Sélectionnez la bonne traduction.*

1. Je dors à la maison.
   - **A** 집에 자다.
   - **B** 집에서 자다.

2. Je vais en Corée.
   - **A** 한국에 가다.
   - **B** 한국에서 가다.

3. Je travaille en Corée.
   - **A** 한국에서 일하다.
   - **B** 한국에 일하다.

4. Je rentre de Corée.
   - **A** 한국에 돌아오다.
   - **B** 한국에서 돌아오다.

# Module 4
## 기초 GITCHÔ

### Focus Le choix des particules

*Complétez les phrases à l'aide de la (des) bonne(s) particule(s).*

**Corrigé page 39**

1. 시장____ 가다, Je vais au marché.
   - **A** 이
   - **B** 에

2. 시장____ 사과____ 사다, J'achète des pommes au marché.
   - **A** 에, 가
   - **B** 에서, 를

3. 사과____ 맛있다, Cette pomme est délicieuse.
   - **A** 를
   - **B** 가

4. 시장____ 돌아오다, Je rentre du marché.
   - **A** 에서
   - **B** 이

5. 학교____ 가다, Je vais à l'école.
   - **A** 에서
   - **B** 에

6. 학교____ 학생____ 많다, Il y a beaucoup d'élèves à l'école.
   - **A** 에, 이
   - **B** 는, 은

7. 학교____ 공부하다, J'étudie à l'école.
   - **A** 에서
   - **B** 에

*Complétez les phrases à l'aide de la bonne particule.*

1. 누나가 서울____ 살다, Ma grande sœur habite à Séoul.
   - **A** 에
   - **B** 은

2. 서울____ 출발하다, Je pars de Séoul.
   - **A** 이
   - **B** 에서

3. 파리____ 도착하다, J'arrive à Paris.
   - **A** 에서
   - **B** 에

4. 서울____ 사람이 많다, Il y a beaucoup de monde à Séoul.
   - **A** 에서
   - **B** 에

## Module 4
### 기초 GITCHÔ

5. 누나가 서울___ 살다, Ma grande sœur habite à Séoul.

   **A** 에서　　　　　　　　　　**B** 을

> **Astuce** Le verbe 살다 **salda**, *vivre, habiter*, peut prendre soit la particule de lieu 에 **é** soit 에서 **éso**.

### Focus Exercices de traduction : le choix des particules

*Sélectionnez la bonne traduction.*

1. 학생이 학교에 많다.

   **A** Les élèves sont à l'école.

   **B** Il y a beaucoup d'élèves à l'école.

   **C** Les élèves vont à l'école.

Corrigé page 39

2. 학교에서 공부하다.

   **A** J'étudie à l'école.

   **B** Les élèves sont à l'école.

   **C** Je rentre de l'école.

3. 차에 있다.

   **A** La voiture est là.

   **B** Il y a une voiture.

   **C** Je suis dans la voiture.

4. 차에서 전화하다.

   **A** Je téléphone dans la voiture.

   **B** Je téléphone à la maison.

   **C** Il y a un téléphone dans la voiture.

**Module 4**
단어 DANO

*Sélectionnez la bonne traduction.*

1. Ma maman est à la maison.
   - **A** 엄마에 집이 있다.
   - **B** 엄마가 집에 있다.
   - **C** 엄마는 집이 없다.

   Corrigé page 39

2. La maison est grande.
   - **A** 집을 크다.
   - **B** 집에 크다.
   - **C** 집이 크다.

3. Je viens de la maison.
   - **A** 집에 가다.
   - **B** 집에서 오다.
   - **C** 집에서 가다.

4. J'étudie à la maison.
   - **A** 집에서 공부하다.
   - **B** 집을 공부하다.
   - **C** 집에 공부하다.

**Noms**

| | |
|---|---|
| 놀이터 nôlitʰo | *aire de jeux* |
| 시장 sidjang | *marché* |
| 은행 eunhèng | *banque* |
| 동물원 dôngmoulwon | *zoo* |
| 지갑 djigab | *portefeuille* |
| 교실 gyôsil | *salle de classe* |

## Module 4
단어 DANO

| | |
|---|---|
| 집 djib | *maison* |
| 돈 dôn | *argent* (espèces) |
| 서울 so'oul | *Séoul* |
| 파리 pʰali | *Paris* |
| 사람 salam | *personne*, *gens* |

### Particules

| | |
|---|---|
| 에/에서 é/éso | particule de lieu |

### Verbes

| | |
|---|---|
| 돌아오다 dôlaô-da | *rentrer (de)*, *revenir (de)* |
| 사다 sa-da | *acheter* |
| 놀다 nôl-da | *s'amuser* |
| 보내다 bônè-da | *envoyer* |
| 일하다 ilha-da | *travailler* |
| 공부하다 gôngbouha-da | *étudier* |
| 살다 sal-da | *habiter*, *vivre* |
| 출발하다 tchoulbalha-da | *partir*, *se mettre en route* |
| 도착하다 dôtchagha-da | *arriver* |

# Module 4
## CORRIGÉ

## 기초 gitchô

**PAGE 32**
Les particules de lieu
1 **C** 2 **A** 3 **A** 4 **C** 5 **A** 6 **B**

Exercice de traduction : les particules de lieu
1 **B** 2 **B** 3 **B** 4 **A**

---

**PAGE 33**
Les particules de lieu (localisation)
1 **A** 2 **B** 3 **B** 4 **A** 5 **B**

Exercice de traduction
1 **B** 2 **B** 3 **A** 4 **B**

---

**PAGE 34**
Verbes d'action et particules de lieu
1 **C** 2 **A** 3 **B** 4 **D**

Exercice de traduction
1 **B** 2 **A** 3 **A** 4 **B**

---

**PAGES 35-36**
Le choix des particules
1 **B** 2 **B** 3 **B** 4 **A** 5 **B** 6 **A** 7 **A**
1 **A** 2 **B** 3 **B** 4 **B** 5 **A**

---

**PAGES 36-37**
Exercices de traduction : le choix des particules
1 **B** 2 **A** 3 **C** 4 **A**
1 **B** 2 **C** 3 **B** 4 **A**

---

**Vous avez obtenu entre 0 et 11 ?** Reprenez chaque question en regardant les endroits où vous avez fait des erreurs.

**Vous avez obtenu entre 12 et 23 ?** C'est très moyen, mais ne vous découragez pas.

**Vous avez obtenu entre 24 et 35 ?** Formidable ! Analysez les erreurs et, si besoin, révisez la ou les notions que vous ne maîtrisez pas complètement.

**Vous avez obtenu 36 et plus ?** 참 잘했어요 ! tcham djalhèssoyô

# Module 5
## 기초 GITCHÔ

**Focus** Les registres de langues : le style ultra formel déclaratif

*Pour chaque verbe donné, sélectionnez la bonne forme au style ultra formel.*

**Corrigé page 49**

1. 차다, être froid
   - **A** 차습니다.
   - **B** 차다습니다.
   - **C** 찹니다.

2. 짜다, être salé
   - **A** 짜습니다.
   - **B** 짭니다.
   - **C** 짬니다.

3. 가다, aller
   - **A** 가습니다.
   - **B** 갑니다.
   - **C** 감니다.

4. 먹다, manger
   - **A** 먹습니다.
   - **B** 먹다습니다.
   - **C** 먹읍니다.

5. 가볍다, être léger
   - **A** 가벼우습니다.
   - **B** 가볍니다.
   - **C** 가볍습니다.

6. 쓰다, écrire
   - **A** 씁니다.
   - **B** 쓰습니다.
   - **C** 쓰다입니다.

7. 읽다, lire
   - **A** 읽다입니다.
   - **B** 읽슴니다.
   - **C** 읽습니다.

8. 아니다, ne pas être
   - **A** 아니다입니다.
   - **B** 아닙니다.
   - **C** 아니습니다.

9. 많다, être nombreux, il y a beaucoup
   - **A** 많습니다.
   - **B** 많다입니다.
   - **C** 많ㅂ니다.

10. 더럽다, être sale
    - **A** 더럽니다.
    - **B** 더럽습니다.
    - **C** 더럽다입니다.

**Astuce** Pour former le style ultra formel déclaratif, concentrez-vous sur la dernière lettre du radical : si le radical se termine par une consonne, accolez la terminaison 습니다 **seubnida** et s'il se termine par une voyelle, accolez la terminaison ㅂ니다 **bnida**.

**Module 5**
기초 GITCHÔ

## Focus — Les registres de langue : le style ultra formel interrogatif

*Pour chaque verbe donné, sélectionnez la bonne forme au style ultra formel.*

1. 차다, être froid
   - (A) 찹니까 ?
   - (B) 차다입니까 ?
   - (C) 찹니다 ?

2. 짜다, être salé
   - (A) 짜습니까 ?
   - (B) 짭니다 ?
   - (C) 짭니까 ?

3. 가다, aller
   - (A) 갑니까 ?
   - (B) 갑니다 ?
   - (C) 가입니까 ?

4. 먹다, manger
   - (A) 먹습니다 ?
   - (B) 먹다입니까 ?
   - (C) 먹습니까 ?

5. 가볍다, être léger
   - (A) 가볍습니까 ?
   - (B) 가볍니까 ?
   - (C) 가볍습니다 ?

6. 쓰다, écrire
   - (A) 씁니다 ?
   - (B) 씁니까 ?
   - (C) 쓰습니까 ?

7. 읽다, lire
   - (A) 읽습니까 ?
   - (B) 읽다입니다 ?
   - (C) 읽습니다 ?

8. 아니다, ne pas être
   - (A) 아닙니까 ?
   - (B) 아닙니다 ?
   - (C) 아니습니까 ?

9. 많다, être nombreux, il y a beaucoup
   - (A) 많습니다 ?
   - (B) 많ㅂ니까 ?
   - (C) 많습니까 ?

10. 더럽다, être sale
    - (A) 더럽습니까 ?
    - (B) 더럽습니다 ?
    - (C) 더럽입니까 ?

> **Astuce** Pour former le style ultra formel interrogatif, il faut regarder la dernière lettre du radical : si le radical se termine par une consonne, accolez la terminaison 습니까 ? **seubnikka** et s'il se termine par une voyelle, accolez la terminaison ㅂ니까 ? **bnikka**.

## Module 5
기초 GITCHÔ

**Focus** La terminaison de style ultra formel : ㄹ / irrégulier

*Corrigé page 49*

*Sélectionnez la bonne forme au style ultra formel.*

1. 길다, être long
   - Ⓐ 길습니다.
   - Ⓑ 깁니까 ?
   - Ⓒ 길습니까 ?

2. 놀다, s'amuser
   - Ⓐ 놉니다.
   - Ⓑ 놀습니까 ?
   - Ⓒ 놀다입니다.

3. 살다, vivre
   - Ⓐ 삽니다.
   - Ⓑ 사습니다.
   - Ⓒ 사습니까 ?

4. 멀다, être loin
   - Ⓐ 멀습니다.
   - Ⓑ 멉니까 ?
   - Ⓒ 멀습니까 ?

5. 달다, être sucré
   - Ⓐ 답니까 ?
   - Ⓑ 달습니다.
   - Ⓒ 달습니까 ?

6. 팔다, vendre
   - Ⓐ 팔습니다.
   - Ⓑ 팔다입니까 ?
   - Ⓒ 팝니까 ?

7. 날다, (s'en)voler
   - Ⓐ 날습니다.
   - Ⓑ 납니다.
   - Ⓒ 날습니까 ?

8. 불다, souffler
   - Ⓐ 불ㅂ니다.
   - Ⓑ 불습니다.
   - Ⓒ 붑니다.

9. 빌다, prier
   - Ⓐ 빕니다.
   - Ⓑ 빌습니다.
   - Ⓒ 비습니다.

**Astuce** Pour les verbes dont le radical se termine par la consonne ㄹ **l**, on supprime cette dernière, ensuite on accole la terminaison ㅂ니다 **bnida** ou ㅂ니까 ? **bnikka**.

# Module 5
## 기초 GITCHÔ

**Focus** 이다, « être », 아니다, « ne pas être », au style ultra formel

*Sélectionnez la bonne traduction.*

Corrigé page 49

1. Êtes-vous étudiant ?
   - **A** 학생 입니다 ?
   - **B** 학생입니까 ?

2. Oui, je suis étudiant.
   - **A** 네, 입니다.
   - **B** 네, 학생입니다.

3. Non, je ne suis pas étudiant.
   - **A** 아니요, 학생이 아닙니다.
   - **B** 아니요. 학생입니다.

4. Êtes-vous professeur ?
   - **A** 선생님이 입니까 ?
   - **B** 선생님입니까 ?

5. Oui, je suis professeur.
   - **A** 네, 선생님입니다.
   - **B** 네, 선생님이 입니다.

6. Non, je ne suis pas professeur.
   - **A** 아니요, 선생님이 아닙니다.
   - **B** 아니요. 선생님아닙니다.

**Astuce** Le verbe 이다, *être*, ne fonctionne qu'accolé à son complément.

**Focus** Exercice de traduction

*Sélectionnez la bonne traduction.*

1. 사람이 많습니까 ?
   - **A** Y a-t-il trop de monde ?
   - **B** Je vois trop de monde.

2. 어디에 삽니까 ?
   - **A** Où habitez-vous ?
   - **B** Qu'est-ce que vous achetez ?

3. 무엇을 삽니까 ?
   - **A** Où habitez-vous ?
   - **B** Qu'est-ce que vous achetez ?

4. 집이 멉니다.
   - **A** J'habite à la maison.
   - **B** J'habite loin. (litt. « maison est loin »)

# Module 5
기초 GITCHÔ

**Focus** — **Les registres de langue : le style poli à la forme déclarative et à la forme interrogative**

*Pour chaque verbe donné, sélectionnez la bonne forme au style poli.*

*Corrigé page 49*

1. 먹다, manger
   - **A** 먹다아요.
   - **B** 먹어요.
   - **C** 먹아요.

2. 읽다, lire
   - **A** 읽어요.
   - **B** 읽아요.
   - **C** 읽에요.

3. 많다, être nombreux, il y a beaucoup
   - **A** 많습니다.
   - **B** 많어요.
   - **C** 많아요.

4. 길다, être long
   - **A** 길어요.
   - **B** 기어요.
   - **C** 길아요.

5. 놀다, s'amuser
   - **A** 노아요.
   - **B** 놀아요.
   - **C** 놀어요.

6. 살다, habiter
   - **A** 사요.
   - **B** 살어요.
   - **C** 살아요.

7. 알다, connaître
   - **A** 알아요.
   - **B** 알어요.
   - **C** 아아요.

> **Astuce** Pour former le style poli, concentrez-vous uniquement sur la dernière voyelle du radical, ensuite : s'il s'agit d'un ㅏ **a** ou d'un ㅗ **ô**, accolez la terminaison 아요 **ayô** ; s'il s'agit d'une autre voyelle alors, accolez la terminaison 어요 **oyô**.
> La forme déclarative et la forme interrogative sont identiques. Pour marquer cette dernière, ajoutez simplement un point d'interrogation à la fin de la phrase.

**Focus** — **Les terminaisons de style poli – Forme contractée ㅏ *a***

*Sélectionnez la bonne forme.*

1. 차다, tirer (avec le pied)
   - **A** 차아요.
   - **B** 차요.
   - **C** 차어요.

**Module 5**
기초 GITCHÔ

2. 가다, aller
   - **A** 가요.
   - **B** 가아요.
   - **C** 가어요.

3. 사다, acheter
   - **A** 사아요.
   - **B** 사어요.
   - **C** 사요.

4. 자다, dormir
   - **A** 자아요.
   - **B** 자요.
   - **C** 잡니다.

5. 타다, prendre (moyen de transport)
   - **A** 타요.
   - **B** 타아요.
   - **C** 타어요.

6. 파다, creuser
   - **A** 파요.
   - **B** 파아요.
   - **C** 팝니다.

**Astuce** La dernière voyelle du radical et la première voyelle de la terminaison se contractent.

**Focus** Les terminaisons de style poli – Forme contractée ㅗ *ô* et ㅜ *ou*

*Sélectionnez la bonne forme.*

Corrigé page 49

1. 보다, voir, regarder
   - **A** 보다아요.
   - **B** 보어요.
   - **C** 봐요.

2. 오다, venir
   - **A** 워요.
   - **B** 오다입니다.
   - **C** 와요.

3. 싸우다, se disputer
   - **A** 싸워요.
   - **B** 싸우어워.
   - **C** 싸와요.

4. 주다, donner
   - **A** 주아요.
   - **B** 죠요.
   - **C** 줘요.

5. 배우다, apprendre (quelque chose)
   - **A** 배우다입니다.
   - **B** 배워요.
   - **C** 배우아요.

**Astuce** La dernière voyelle du radical et la première voyelle de la terminaison se contractent.

# Module 5
기초 GITCHÔ

**Focus** Les terminaisons de style poli – Forme contractée ㅐ è

*Sélectionnez la bonne forme.*

1. 보내다, envoyer
   - **A** 보내요.
   - **B** 보내아요.
   - **C** 보냈어요.

2. 지내다, passer (du temps)
   - **A** 지내요.
   - **B** 지내아요.
   - **C** 지내입니다.

3. 내다, payer
   - **A** 내다입니다.
   - **B** 내아요.
   - **C** 내요.

4. 매다, nouer, attacher
   - **A** 매이다.
   - **B** 매.
   - **C** 매요.

5. 새다, s'écouler
   - **A** 새.
   - **B** 새요.
   - **C** 새우어요.

6. 캐다, déterrer
   - **A** 카이어요.
   - **B** 캐요.
   - **C** 캐다입니다.

**Focus** Les terminaisons de style poli – Forme contractée ㅣ *i*

*Sélectionnez la bonne forme.*

1. 치다, frapper
   - **A** 치이요.
   - **B** 쳐요.
   - **C** 치아요.

2. 비다, être vide
   - **A** 벼요.
   - **B** 봐요.
   - **C** 비아요.

3. 시다, être acide
   - **A** 시워요.
   - **B** 셔요.
   - **C** 시요.

4. 지다, perdre, être battu
   - **A** 지요.
   - **B** 지워요.
   - **C** 져요.

**Module 5**
단어 DANO

5. 피다, fleurir
   - **A** 피워요.
   - **B** 펴요.
   - **C** 피아요.

6. 가르치다, enseigner, apprendre (dans le sens « enseigner »)
   - **A** 가르쳐요.
   - **B** 가르치요.
   - **C** 가르춰요.

### Vocabulaire

| | | |
|---|---|---|
| 무엇 mou'os | | *que* |
| 네 né | | *oui* |
| 아니요 aniyô | | *non* |

### Verbes

| | | |
|---|---|---|
| 멀다 mol-da | | *être loin* |
| 달다 dal-da | | *être sucré* |
| 팔다 pʰal-da | | *vendre* |
| 날다 nal-da | | *voler, s'envoler* |
| 불다 boul-da | | *souffler* |
| 빌다 bil-da | | *prier* |
| 알다 al-da | | *connaître, savoir* |
| 차다 tcha-da | | *donner un coup de pieds dans* |
| 타다 tʰa-da | | *prendre* (moyen de transport) |
| 파다 pʰa-da | | *creuser* |
| 싸우다 ssa'ou-da | | *se disputer* |
| 배우다 bèou-da | | *apprendre (quelque chose)* |
| 보내다 bônè-da | | *envoyer* |
| 지내다 djinè-da | | *passer (du temps)* |
| 내다 nè-da | | *payer* |

## Module 5
단어 DANO

| | | |
|---|---|---|
| 매다 mè-da | | *nouer, attacher* |
| 새다 sè-da | | *s'écouler* |
| 캐다 kʰè-da | | *déterrer* |
| 치다 tchi-da | | *frapper* |
| 비다 bi-da | | *être vide* |
| 시다 si-da | | *être acide* |
| 지다 dji-da | | *perdre, être battu* |
| 피다 pʰi-da | | *fleurir* |
| 가르치다 galeutchi-da | | *enseigner, apprendre* (dans le sens « enseigner ») |
| 이다 i-da | | *être* |

**Module 5**
CORRIGÉ

## 기초 gitchô

**PAGE 40**
Les registres de langues : le style ultra formel déclaratif
1 **C**  2 **B**  3 **B**  4 **A**  5 **C**  6 **A**  7 **C**  8 **B**  9 **A**  10 **B**

**PAGE 41**
Les registres de langue : le style ultra formel interrogatif
1 **A**  2 **C**  3 **A**  4 **C**  5 **A**  6 **B**  7 **A**  8 **A**  9 **C**  10 **A**

**PAGE 42**
La terminaison de style ultra formel : ㄹ l irrégulier
1 **B**  2 **A**  3 **A**  4 **B**  5 **A**  6 **C**  7 **B**  8 **C**  9 **A**

**PAGE 43**
이다, *être*, 아니다, *ne pas être*, au style ultra formel
1 **B**  2 **B**  3 **A**  4 **B**  5 **A**  6 **A**

Exercice de traduction
1 **A**  2 **A**  3 **B**  4 **B**

**PAGE 44**
Les registres de langue : le style poli à la forme déclarative et à la forme interrogative
1 **B**  2 **A**  3 **C**  4 **A**  5 **B**  6 **C**  7 **A**

**PAGES 44-45**
Les terminaisons de style poli – Forme contractée ㅏ **a**
1 **B**  2 **A**  3 **C**  4 **B**  5 **A**  6 **A**

**PAGE 45**
Les terminaisons de style poli – Forme contractée ㅗ **ô** et ㅜ **ou**
1 **C**  2 **C**  3 **A**  4 **C**  5 **B**

**PAGE 46**
Les terminaisons de style poli – Forme contractée ㅐ **è**
1 **A**  2 **A**  3 **C**  4 **C**  5 **B**  6 **B**

**PAGES 46-47**
Les terminaisons de style poli – Forme contractée ㅣ **i**
1 **B**  2 **A**  3 **B**  4 **C**  5 **B**  6 A

---

**Vous avez obtenu entre 0 et 17 ?** Reprenez chaque question en regardant les endroits où vous avez fait des erreurs.

**Vous avez obtenu entre 18 et 35 ?** C'est très moyen, mais ne vous découragez pas.

**Vous avez obtenu entre 36 et 53 ?** Formidable ! Analysez les erreurs et, si besoin, révisez la ou les notions que vous ne maîtrisez pas complètement.

**Vous avez obtenu 54 et plus ?** 참 잘했어요 ! tcham djalhèssoyô

## Module 6
기초 GITCHÔ

Corrigé page 58

**Focus** La formation du style poli : ㅡ *eu* irrégulier

*Pour chaque verbe donné, sélectionnez la bonne forme au style poli.*

1. 쓰다, écrire
   - **A** 써요.
   - **B** 쓰어요.
   - **C** 쓰아요.

2. 크다, être grand
   - **A** 크아요.
   - **B** 크어요.
   - **C** 커요.

3. 바쁘다, être occupé (pressé)
   - **A** 바뻐요.
   - **B** 바빠요.
   - **C** 바쁘아요.

4. 나쁘다, être mauvais, méchant
   - **A** 나뻐요.
   - **B** 나쁘어요.
   - **C** 나빠요.

5. 슬프다, être triste
   - **A** 슬프어요.
   - **B** 슬퍼요.
   - **C** 슬프요.

6. 모으다, réunir, rassembler
   - **A** 모으어요.
   - **B** 모으요.
   - **C** 모아요.

**Astuce** Lorsque le radical d'un verbe se termine par la voyelle ㅡ **eu**, celle-ci tombe et il faut ensuite suivre la règle générale : accolez 아요 **ayô** si la dernière voyelle du radical se termine par ㅏ **a** ou ㅗ **ô** ; accolez 어요 **oyô** si elle se termine par toute autre lettre que ㅏ **a** ou ㅗ **ô**.

**Focus** La formation du style poli : ㅂ *b* irrégulier

*Pour chaque verbe donné, sélectionnez la bonne forme au style poli.*

1. 가볍다, être léger
   - **A** 가벼워요.
   - **B** 가볍우어요.
   - **C** 가볍아요.

2. 고맙다, être reconnaissant
   - **A** 고맙아요.
   - **B** 고마워요.
   - **C** 고마우워요.

3. 무겁다, être lourd
   - **A** 무거워요.
   - **B** 무거우어요.
   - **C** 무겁아요.

**Module 6**
기초 GITCHÔ

4. 더럽다, être sale
   - **A** 더럽어요.
   - **B** 더럽아요.
   - **C** 더러워요.

5. 귀엽다, être mignon
   - **A** 귀여와요.
   - **B** 귀엽어요.
   - **C** 귀여워요.

6. 덥다, avoir chaud, faire chaud
   - **A** 더버요.
   - **B** 더워요.
   - **C** 더와요.

7. 춥다, avoir froid, faire froid
   - **A** 추워요.
   - **B** 춥습니다.
   - **C** 추와요.

**Astuce** Lorsque le radical d'un verbe se termine par la voyelle ㅂ **b**, cette dernière se transforme en ㅜ **ou** et ensuite, il faut suivre la règle générale : accolez 아요 **ayô** si la dernière voyelle du radical se termine par ㅏ **a** ou ㅗ **ô** ; accolez 어요 **oyô** si elle se termine par toute autre lettre que ㅏ **a** ou ㅗ **ô**. N'oubliez pas la contraction des voyelles entre le radical et la terminaison.

*Corrigé page 58*

**Focus** La formation du style poli : 하다 *hada* irrégulier

*Pour chaque verbe donné, sélectionnez la bonne forme au style poli irrégulier.*

1. 깨끗하다, être propre
   - **A** 깨끗해요.
   - **B** 깨끗하요.
   - **C** 깨끗허요.

2. 전화하다, téléphoner
   - **A** 전화합니다.
   - **B** 전화습니다.
   - **C** 전화해요.

3. 선물하다, offrir un cadeau
   - **A** 선물해요.
   - **B** 선물하요.
   - **C** 선물허요.

4. 일하다, travailler
   - **A** 일합니다.
   - **B** 일해요.
   - **C** 일하아요.

5. 공부하다, étudier
   - **A** 공부하요.
   - **B** 공부합니다.
   - **C** 공부해요.

# Module 6
기초 GITCHÔ

Corrigé page 58

6. 출발하다, partir
   - **A** 출발해요.
   - **B** 출발하요.
   - **C** 출발합니다.

7. 도착하다, arriver
   - **A** 도착합니다.
   - **B** 도착해요.
   - **C** 도착허요.

8. 좋아하다, aimer
   - **A** 좋아해요.
   - **B** 좋아하요.
   - **C** 좋아합니다.

## Focus — La formation du style poli : ㄷ *d* irrégulier

*Pour chaque verbe donné, sélectionnez la bonne forme au style poli.*

1. 걷다, marcher
   - **A** 걸아요.
   - **B** 걷어요.
   - **C** 걸어요.

2. 듣다, écouter
   - **A** 들어요.
   - **B** 듣어요.
   - **C** 듣아요.

3. 묻다, demander (poser une question)
   - **A** 묻어요.
   - **B** 묻아요.
   - **C** 물어요.

4. 붇다, enfler
   - **A** 붇어요.
   - **B** 불어요.
   - **C** 붓어요.

5. 싣다, charger
   - **A** 실어요.
   - **B** 싣어요.
   - **C** 실아요.

6. 깨닫다, comprendre, s'apercevoir
   - **A** 깨달아요.
   - **B** 깨닫아요.
   - **C** 깨닫습니다.

**Astuce** Le radical de certains verbes d'action se termine par la consonne ㄷ **d**. Cette dernière se transforme en ㄹ **l** lorsqu'elle est suivie de la terminaison de style poli ; il faut ensuite suivre la règle générale : accolez 아요 **ayô** si la dernière voyelle du radical se termine par ㅏ **a** ou ㅗ **ô** ; accolez 어요 **oyô** si elle se termine par toute autre lettre que ㅏ **a** ou ㅗ **ô**.

**Module 6**
기초 GITCHÔ

### Focus   La formation du style poli : ㄷ *d* régulier

*Pour chaque verbe donné, sélectionnez la bonne forme au style poli.*

1. 믿다, croire
   - **A** 밀어요.
   - **B** 밀아요.
   - **C** 믿어요.

2. 닫다, fermer
   - **A** 닫아요.
   - **B** 달아요.
   - **C** 달어요.

3. 굳다, durcir
   - **A** 굳어요.
   - **B** 굳습니다.
   - **C** 굴어요.

4. 묻다, enterrer
   - **A** 물어요.
   - **B** 묻어요.
   - **C** 묻습니다.

5. 뜯다, arracher
   - **A** 뜰어요.
   - **B** 뜯아요.
   - **C** 뜯어요.

6. 얻다, obtenir
   - **A** 얼어요.
   - **B** 얻아요.
   - **C** 얻어요.

**Astuce** Ici, pour leur formation, les verbes suivent la règle générale.

**Corrigé page 58**

### Focus   La formation du style poli : 르 *leu* irrégulier

*Pour chaque verbe donné, sélectionnez la bonne forme au style poli.*

1. 모르다, ignorer
   - **A** 모릅니다.
   - **B** 모르어요.
   - **C** 몰라요.

2. 빠르다, être rapide
   - **A** 빠릅니다.
   - **B** 빨라요.
   - **C** 빠르어요.

3. 자르다, couper
   - **A** 자르어요.
   - **B** 자르아요.
   - **C** 잘라요.

## Module 6
기초 GITCHÔ

4. 고르다, choisir
   - **A** 골라요.
   - **B** 고르어요.
   - **C** 고릅니다.

5. 누르다, appuyer
   - **A** 누ㄹㄹ어요.
   - **B** 눌러요.
   - **C** 누르어요.

6. 흐르다, couler
   - **A** 흐르어요.
   - **B** 흘르어요.
   - **C** 흘러요.

**Astuce** Quand le radical d'un verbe se termine par 르 **leu** et qu'on fait suivre la terminaison de style poli, cette dernière se transforme en ㄹㄹ **ll**, ensuite il faut suivre la règle générale.

### Focus La formation du style poli : 이다 *ida*, « être »

*Sélectionnez la bonne forme du verbe être au style poli.*

1. 토요일이다, C'est un samedi.
   - **A** 토요일이에요.
   - **B** 토요일입니다.
   - **C** 토요일예요.

2. 아빠이다, C'est mon papa.
   - **A** 아빠예요.
   - **B** 아빠입니다.
   - **C** 아빠입니다.

3. 친구이다, C'est un ami.
   - **A** 친구입니다.
   - **B** 친구이다.
   - **C** 친구예요.

4. 선생님이다, Je suis professeur.
   - **A** 선생님이에요.
   - **B** 선생님입니다.
   - **C** 선생님예요.

5. 회사원이다, Je suis employé dans une entreprise.
   - **A** 회사원예요.
   - **B** 회사원이에요.
   - **C** 회사원입니다.

**Astuce** Le verbe 이다 **ida** *être*, dont la forme au style poli est 이에요 **iéyô**, est le seul à pouvoir être accolé à son complément. Lorsque le complément se termine par une voyelle, la forme peut alors se contracter, ce qui donne : 예요 **yéyo**.

# Module 6
## 기초 GITCHÔ

### Focus  Exercice de traduction

*Sélectionnez la bonne traduction.*

Corrigé page 58

1. 음악을 들어요.
   - **A** J'étudie la musique.
   - **B** J'écoute de la musique.

2. 머리를 잘라요.
   - **A** Je coupe du papier.
   - **B** Je coupe les cheveux.

3. 선물을 골라요.
   - **A** Je choisis un cadeau.
   - **B** J'achète un cadeau.

4. 어디에 살아요 ?
   - **A** Qu'est-ce que vous achetez ?
   - **B** Où habitez-vous ?

5. 무엇을 좋아해요 ?
   - **A** Qui aimez-vous ?
   - **B** Qu'est-ce que vous aimez ?

6. 어디에 있어요 ?
   - **A** Où se trouve-t-il ?
   - **B** Qu'est-ce qu'il y a ?

7. 친구를 만나요.
   - **A** J'habite avec un ami.
   - **B** Je vois un ami.

### Focus  Les registres de langue : le style familier

*Sélectionnez la bonne forme au style familier.*

1. 도착하다, arriver
   - **A** 도착해요.
   - **B** 도착해.
   - **C** 도착합니다.

2. 살다, habiter, vivre
   - **A** 살아.
   - **B** 살어.
   - **C** 살아요.

3. 쓰다, être amer
   - **A** 쓰.
   - **B** 싸.
   - **C** 써.

4. 걷다, marcher
   - **A** 걷어.
   - **B** 걸어.
   - **C** 걷아.

5. 더럽다, être sale
   - **A** 더러워.
   - **B** 더럽습니다.
   - **C** 더럽어.

**Module 6**
기초 GITCHÔ

6. 모르다, ignorer
   - Ⓐ 모르아.
   - Ⓑ 모르어.
   - Ⓒ 몰라.

7. 짜다, être salé
   - Ⓐ 짜어.
   - Ⓑ 짜.
   - Ⓒ 짭니다.

8. 오다, venir
   - Ⓐ 와.
   - Ⓑ 옵니다.
   - Ⓒ 와요.

**Astuce** Comment se forment les verbes au style familier ? C'est très simple ! Il suffit d'enlever 요 *yô* du style poli.

**Focus** Les terminaisons du verbe 이다 *ida*, « être », au style familier

*Sélectionnez la bonne forme du verbe* être *au style familier.*

1. 토요일이다, C'est un samedi.
   - Ⓐ 토요일이야.
   - Ⓑ 토요일입니다.
   - Ⓒ 토요일예요.

2. 아빠이다, C'est mon papa.
   - Ⓐ 아빠야.
   - Ⓑ 아빠입니다.
   - Ⓒ 아빠이에요.

3. 친구이다, C'est un ami.
   - Ⓐ 친구입니다.
   - Ⓑ 친구예요.
   - Ⓒ 친구야.

4. 선생님이다, C'est mon professeur.
   - Ⓐ 선생님야.
   - Ⓑ 선생님이야.
   - Ⓒ 선생님예요.

5. 회사원이다, Je suis employé dans une entreprise.
   - Ⓐ 회사원야.
   - Ⓑ 회사원이야.
   - Ⓒ 회사원이에요.

**Astuce** Le verbe 이다 *ida*, *être*, a deux formes au style familier : 이야 *iya* quand le complément se termine par une consonne, 야 *ya* quand il se termine par une voyelle. C'est le seul verbe qui s'accolle à son complément.

**Noms**

| 음악 eumag | *musique* |
| 머리 moli | *cheveux* |
| 선물 sonmoul | *cadeau* |

# Module 6
단어 DANO

### Verbes

| | | |
|---|---|---|
| 바쁘다 | bappeu-da | *être occupé, pressé* |
| 슬프다 | seulpʰeu-da | *être triste* |
| 모으다 | môeu-da | *rassembler, réunir* |
| 가볍다 | gabyob-da | *être léger* |
| 고맙다 | gômab-da | *être reconnaissant* |
| 무겁다 | mougob-da | *être lourd* |
| 귀엽다 | gwiyob-da | *être mignon* |
| 덥다 | dob-da | *avoir/faire chaud* |
| 춥다 | tchoub-da | *avoir/faire froid* |
| 걷다 | god-da | *marcher* |
| 듣다 | deud-da | *écouter* |
| 묻다 | moud-da | *demander (poser une question)* |
| 붇다 | boud-da | *enfler* |
| 싣다 | sid-da | *charger* |
| 깨닫다 | kkèdad-da | *comprendre, s'apercevoir* |
| 믿다 | mid-da | *croire* |
| 닫다 | dad-da | *fermer* |
| 굳다 | goud-da | *durcir* |
| 묻다 | moud-da | *enterrer* |
| 뜯다 | tteud-da | *arracher* |
| 얻다 | od-da | *obtenir* |
| 모르다 | môleu-da | *ignorer* |
| 빠르다 | ppaleu-da | *être rapide* |
| 자르다 | djaleu-da | *couper* |
| 고르다 | gôleu-da | *choisir* |
| 누르다 | nouleu-da | *appuyer* |
| 흐르다 | heuleu-da | *couler* |
| 좋아하다 | djôhaha-da | *aimer* |
| 이다 | i-da | *être* |

## Module 6
### CORRIGÉ

### 기초 gitchô

VOTRE SCORE :

**PAGE 50**
La formation du style poli : ― **eu** irrégulier
1 **A**  2 **C**  3 **B**  4 **C**  5 **B**  6 **C**

**PAGES 50-51**
La formation du style poli : ㅂ **b** irrégulier
1 **A**  2 **B**  3 **A**  4 **C**  5 **C**  6 **B**  7 **A**

**PAGES 51-52**
La formation du style poli : 하다 **hada** irrégulier
1 **A**  2 **C**  3 **A**  4 **B**  5 **C**  6 **A**  7 **B**  8 **A**

**PAGE 52**
La formation du style poli : ㄷ **d** irrégulier
1 **C**  2 **A**  3 **C**  4 **B**  5 **A**  6 **A**

**PAGE 53**
La formation du style poli : ㄷ **d** régulier
1 **C**  2 **A**  3 **A**  4 **B**  5 **C**  6 **C**

**PAGES 53-54**
La formation du style poli : 르 **leu** irrégulier
1 **C**  2 **B**  3 **C**  4 **A**  5 **B**  6 **C**

**PAGE 54**
La formation du style poli : 이다 **ida**, *être*
1 **A**  2 **A**  3 **C**  4 **A**  5 **B**

**PAGE 55**
Exercice de traduction
1 **B**  2 **B**  3 **A**  4 **B**  5 **B**  6 **A**  7 **B**

**PAGES 55-56**
Les registres de langue : le style familier
1 **B**  2 **A**  3 **C**  4 **B**  5 **A**  6 **C**  7 **B**  8 **A**

**PAGE 56**
Les terminaisons du verbe 이다 **ida**, *être*, au style familier
1 **A**  2 **A**  3 **C**  4 **B**  5 **B**

---

**Vous avez obtenu entre 0 et 16 ?** Reprenez chaque question en regardant les endroits où vous avez fait des erreurs.

**Vous avez obtenu entre 17 et 33 ?** C'est très moyen, mais ne vous découragez pas.

**Vous avez obtenu entre 34 et 50 ?** Formidable ! Analysez les erreurs et, si besoin, révisez la ou les notions que vous ne maîtrisez pas complètement.

**Vous avez obtenu 51 et plus ?** 참 잘했어요 ! **tcham djalhèssoyô**

# Module 7
기초 GITCHÔ

## Focus Salutations

*Sélectionnez la bonne forme pour chaque style demandé.*

Corrigé page 69

1. « Bonjour ! » au style ultra formel
   - **A** 안녕 ?
   - **B** 안녕하세요 ?
   - **C** 안녕하십니까 ?

2. « Bonjour ! » au style poli
   - **A** 안녕하세요 ?
   - **B** 안녕 ?
   - **C** 안녕하십니까 ?

3. « Bonjour ! » au style familier
   - **A** 안녕하십니까 ?
   - **B** 안녕하세요 ?
   - **C** 안녕 ?

4. « Enchanté. » au style ultra formel
   - **A** 반가워.
   - **B** 반가워요.
   - **C** 반갑습니다.

5. « Enchanté. » au style poli
   - **A** 반가워요.
   - **B** 반갑습니다.
   - **C** 반가워.

6. « Enchanté. » au style familier
   - **A** 반갑습니다.
   - **B** 반가워.
   - **C** 반가워요.

## Module 7
기초 GITCHÔ

### Focus (Se) présenter

*Sélectionnez la bonne forme pour chaque style demandé.*

Corrigé page 69

1. Je suis Dani. (poli)
   - **A** 저는 다니예요.
   - **B** 다니입니다.

2. Je suis Juni. (familier)
   - **A** 나는 쥬니입니다.
   - **B** 나는 쥬니야.

3. Je suis David. (ultra formel)
   - **A** 저는 다비드입니다.
   - **B** 다비드가 있습니다.

4. C'est ma fille. (ultra formel)
   - **A** 제 딸입니다.
   - **B** 저는 딸이에요.

5. Dani est ma fille. (poli)
   - **A** 다니는 딸이 있어요.
   - **B** 다니는 제 딸이에요.

6. Mon fils, il s'appelle Juni. (poli)
   - **A** 제 아들은 쥬니예요.
   - **B** 쥬니는 제 아들이에요.

7. Mon prénom est Éloïse. (familier)
   - **A** 제 이름은 엘로이즈예요.
   - **B** 내 이름은 엘로이즈야.

**Astuce** Le pronom personnel de la première personne, *je*, a deux formes en coréen : 저 **djo** (poli) et 나 **na** (familier). Les pronoms possessifs de la première personne, *mon, ma, mes*, ont pour forme 제 **djé** (poli) et 내 **nè** (familier).

### Focus Étudier, travailler

*Sélectionnez la bonne forme pour chaque style demandé.*

1. Je suis étudiant. (ultra formel)
   - **A** 저는 학생입니다.
   - **B** 나는 학생이에요.

2. Juni est collégien. (style poli)
   - **A** 나는 중학생이야.
   - **B** 쥬니는 중학생이에요.

# Module 7
기초 GITCHÔ

3. Léa est écolière. (familier)

   **A** 저는 초등학생이야.  **B** 레아는 초등학생이야.

4. Est-ce que Lucas est étudiant à l'université ? (ultra formel)

   **A** 루까는 대학생입니까 ?  **B** 대학생이에요 ?

5. Dani est-elle lycéenne ? (litt. « Dani fréquente au lycée ? ») (ultra formel)

   **A** 다니는 고등학교에 다닙니까 ?  **B** 저는 고등학교에 다녀요 ?

6. Je suis employé dans une entreprise. (poli)

   **A** 나는 회사원입니다.  **B** 저는 회사원이에요.

7. Je suis employé dans une entreprise. (litt. « je fréquente à une entreprise ») (ultra formel)

   **A** 저는 회사에 다닙니다.  **B** 회사에 다녀요.

**Astuce** Pour parler d'« appartenance » à une structure (lieu de travail, d'études etc.), l'expression « (lieu)에 다니다 » « (lieu)**é danida** » (litt. « fréquenter » (lieu)) est couramment employée.

## Focus  La nationalité

*Complétez les phrases.*

Corrigé page 69

1. 저는 _____ 입니다, Je suis français(e).

   **A** 프랑스어  **B** 프랑스  **C** 프랑스인

2. 저는 _____ 이에요, Je suis coréen(ne).

   **A** 한국 사람  **B** 한국  **C** 한국어

3. _____ 입니까 ?, Êtes-vous allemand(e) ?

   **A** 독일어  **B** 독일인  **C** 독일

4. 레아는 _____ 이에요 ?, Léa est-elle espagnole ?

   **A** 스페인 사람  **B** 스페인  **C** 스페인어

## Module 7
## 기초 GITCHÔ

5. 아니요, _____ 입니다, Non, elle est italienne.
   - **A** 사람 이탈리아
   - **B** 이탈리아
   - **C** 이탈리아인

6. _____ 이에요, Je suis américain(e).
   - **A** 미국인
   - **B** 미국 나라
   - **C** 미국

**Astuce** La nationalité peut s'exprimer de deux manières :
- en ajoutant le mot 사람 **salam**, *personne*, après le nom du pays ;
- en accolant le terme sino-coréen 인 **in**, *personne*, au nom du pays.

### Focus   Dire d'où l'on vient

*Corrigé page 69*

*Complétez les phrases.*

1. _____ 살아요, J'habite à Paris.
   - **A** 파리를
   - **B** 파리가
   - **C** 파리에

2. _____ 삽니다, J'habite à Séoul.
   - **A** 서울에
   - **B** 서울이
   - **C** 서울에게

3. _____ 살아, J'habite en Corée.
   - **A** 한국인
   - **B** 한국어를
   - **C** 한국에

4. _____ 왔습니다, Je viens de France. (litt. « je suis venu de... »)
   - **A** 프랑스에
   - **B** 프랑스에서
   - **C** 프랑스가

5. _____ 왔어요, Je viens de Corée. (litt. « je suis venu de... »)
   - **A** 한국인
   - **B** 한국에서
   - **C** 한국에

**Astuce** 왔습니다 **wassseubnida** (style ultra formel) et 왔어요 **wassoyô** (style poli) sont les formes du verbe 오다 **ôda**, *venir*, au passé.

# Module 7
기초 GITCHÔ

## Focus Les langues

*Complétez les phrases.*

Corrigé page 69

1. _____, coréen (langue)
   - **A** 한국어
   - **B** 한국인
   - **C** 한국 사람

2. 저는 _____ 합니다, Je parle coréen.
   - **A** 한국인을
   - **B** 한국어를
   - **C** 한국 사람

3. 저는 _____ 해요, Je parle français.
   - **A** 프랑스인
   - **B** 프랑스어를
   - **C** 프랑스 사람을

4. _____ 잘합니다, Je parle bien anglais.
   - **A** 영어를
   - **B** 미국을
   - **C** 미국인을

5. _____ 못합니다, Je ne parle pas japonais.
   - **A** 일본 사람을
   - **B** 일본인을
   - **C** 일본어를

> **Astuce** Quand on accole 어 **o** au nom d'un pays, on obtient la langue parlée dans ce pays, ex. : 스페인 **seupʰéin**, *Espagne* ➔ 스페인어 **seupʰéino**, *espagnol* (langue). N'oubliez pas ensuite d'accoler la bonne particule pour l'employer dans une phrase.

## Focus Pays, nationalité et langue

*Pour chaque pays donné, sélectionnez la nationalité et la langue correspondante.*

1. 미국
   - **A** 미국 사람, 미국어
   - **B** 미국인, 영어
   - **C** 미국인, 미어

2. 한국
   - **A** 한국인, 한국어
   - **B** 한국사람, 영어
   - **C** 한국어, 한국인

## Module 7
기초 GITCHÔ

3. 스페인
   - A 스페인 사람, 스페인인
   - B 스페인 사람, 스페인어
   - C 스페인인, 스페인 사람
4. 중국
   - A 중국인, 중국어
   - B 미국인, 영어
   - C 중국 사람, 영어
5. 포르투갈
   - A 포르투갈 사람, 포르투갈인
   - B 포르투갈, 포르투갈인
   - C 포르투갈인, 포르투갈어

---

*Sélectionnez la bonne réponse.*

1. 한국어를 합니까 ?
   - A 네, 한국어를 합니다.
   - B 네, 한국에 살아요.
2. 프랑스 사람입니까 ?
   - A 아니요, 프랑스 사람이 아닙니다.
   - B 네, 프랑스입니다.
3. 학생이야 ?
   - A 아니, 학생이야.
   - B 응, 학생이야.
4. 안녕하세요 ?
   - A 네, 안녕하세요 ?
   - B 네, 한국에 살아요.
5. 프랑스에 살아요 ?
   - A 아니, 프랑스에 살아.
   - B 네, 프랑스에 살아요.

**Module 7**
기초 GITCHÔ

## Focus Exercice de traduction

*Traduisez les phrases.*

Corrigé page 69

1. 직업이 무엇입니까 ?
   - **A** Avez-vous un métier ?
   - **B** Travaillez-vous dans une entreprise ?
   - **C** Quel est votre métier ?

2. 무슨 일을 해요 ?
   - **A** Quand est-ce que vous travaillez ?
   - **B** Que faites-vous dans la vie ?
   - **C** Où est votre entreprise ?

3. 어느 나라 사람입니까 ?
   - **A** Avez-vous un passeport ?
   - **B** Quelle est votre nationalité ?
   - **C** Dans quel pays aimez-vous aller ?

4. 어디에 살아요 ?
   - **A** Où habitez-vous ?
   - **B** Où est-ce que vous travaillez ?
   - **C** Est-ce que vous habitez ici ?

5. 이름이 무엇입니까 ?
   - **A** Connaissez-vous mon nom ?
   - **B** Qui êtes-vous ?
   - **C** Quel est votre nom ?

## Module 7
단어 DANO

### Focus — Distinguer les registres de langue

*Corrigé page 69*

*Sélectionnez la bonne traduction selon le registre demandé.*

1. mon prénom (familier)
   - **A** 저는
   - **B** 제 이름
   - **C** 내 이름

2. je (familier)
   - **A** 저
   - **B** 나
   - **C** 제

3. mon prénom (poli)
   - **A** 제 이름
   - **B** 내 이름
   - **C** 나는

4. oui (familier)
   - **A** 네
   - **B** 아니요
   - **C** 응

5. non (familier)
   - **A** 아니
   - **B** 아니요
   - **C** 아닙니다

### Noms

| | |
|---|---|
| 이름 ileum | *nom, prénom* |
| 중학생 djounghagsèng | *collégien* |
| 초등학생 tchôdeunghagsèng | *écolier* |
| 대학생 dèhagsèng | *étudiant à l'université* |
| 고등학교 gôdeunghagsèng | *lycée* |
| 회사 hwésa | *entreprise* |
| 인사 insa | *salutation* |
| 소개 sogè | *présentation* |
| 직업 djigob | *métier* |
| 공부 gôngbou | *études* |
| 일 il | *travail* |

# Module 7
단어 DANO

## Pays, nationalités et langues

| | |
|---|---|
| 프랑스 사람 / 프랑스인<br>pʰeulangseu salam / pʰeulangseu'in | *français* (nationalité) |
| 프랑스어 pʰeulangseu'o | *français* (langue) |
| 한국 사람 / 한국인<br>han'goug salam / han'gougin | *coréen* (nationalité) |
| 한국어 han'gougo | *coréen* (langue) |
| 독일 dôgil | *Allemagne* |
| 독일 사람 / 독일인<br>dôgil salam / dôgilin | *allemand* (nationalité) |
| 독일어 dôgilo | *allemand* (langue) |
| 스페인 seupʰéin | *Espagne* |
| 스페인 사람 / 스페인인<br>seupʰéin salam / seupʰéinin | *espagnol* (nationalité) |
| 스페인어 seupʰéino | *espagnol* (langue) |
| 이탈리아 itʰalia | *Italie* |
| 이탈리아 사람 / 이탈리아인<br>itʰalia salam / itʰaliain | *italien* (nationalité) |
| 이탈리아어 itʰaliao | *italien* (langue) |
| 미국 migoug | *États-Unis* |
| 미국 사람 / 미국인<br>migoug salam / migougin | *américain* |
| 영어 yong'o | *anglais* |
| 일본 ilbôn | *Japon* |
| 일본 사람 / 일본인<br>ilbôn salam / ilbônin | *japonais* (nationalité) |
| 일본어 ilbôno | *japonais* (langue) |
| 중국 djounggoug | *Chine* |

## Module 7
### 단어 DANO

| | |
|---|---|
| 중국 사람 / 중국인 djounggoug salam / djounggougin | *chinois* (nationalité) |
| 중국어 djounggougo | *chinois* (langue) |
| 포르투갈 pʰôleutʰougal | *Portugal* |
| 포르투갈 사람 / 포르투갈인 pʰôleutʰougal salam / pʰôleutʰougalin | *portugais* (nationalité) |
| 포르투갈어 pʰôleutʰougalo | *portugais* (langue) |
| 나라 nala | *pays* |
| 국적 gougdjog | *nationalité* |
| 언어 ono | *langue* |

### Pronoms, adverbes, etc.

| | |
|---|---|
| 제 djé | *mon, ma* (forme polie) |
| 내 nè | *mon, ma* (forme familière) |
| 어느 oneu | *(le)quel* |
| 응 eung | *oui* (forme familière) |
| 아니 ani | *non* (forme familière) |

### Verbes

| | |
|---|---|
| 다니다 dani-da | *fréquenter* |
| 잘하다 djalha-da | *parler bien* (langue) |
| 못하다 môsha-da | *ne pas parler* (langue) |

**Module 7**
CORRIGÉ

## 기초 gitchô

**PAGE 59**
Salutations
1 **C** 2 **A** 3 **C** 4 **C** 5 **A** 6 **B**

**PAGE 60**
(Se) présenter
1 **A** 2 **B** 3 **A** 4 **A** 5 **B** 6 **A** 7 **B**

**PAGES 60-61**
Étudier, travailler
1 **A** 2 **B** 3 **B** 4 **A** 5 **A** 6 **B** 7 **A**

**PAGES 61-62**
La nationalité
1 **C** 2 **A** 3 **B** 4 **A** 5 **C** 6 **A**

**PAGE 62**
Dire d'où l'on vient
1 **C** 2 **A** 3 **C** 4 **B** 5 **B**

**PAGE 63**
Les langues
1 **A** 2 **B** 3 **B** 4 **A** 5 **C**

**PAGES 63-64**
Pays, nationalité et langue
1 **B** 2 **A** 3 **B** 4 **A** 5 **C**
1 **A** 2 **A** 3 **B** 4 **A** 5 **B**

**PAGE 65**
Exercice de traduction
1 **C** 2 **B** 3 **B** 4 **A** 5 **C**

**PAGE 66**
Distinguer les registres de langue
1 **C** 2 **B** 3 **A** 4 **C** 5 **A**

VOTRE SCORE :

**Vous avez obtenu entre 0 et 14 ?** Reprenez chaque question en regardant les endroits où vous avez fait des erreurs.

**Vous avez obtenu entre 15 et 30 ?** C'est très moyen, mais ne vous découragez pas.

**Vous avez obtenu entre 31 et 46 ?** Formidable ! Analysez les erreurs et, si besoin, révisez la ou les notions que vous ne maîtrisez pas complètement.

**Vous avez obtenu 47 et plus ?** 참 잘했어요 ! tcham djalhèssoyô

# Module 8
기초 GITCHÔ

**Focus** **La phrase négative**

*Formez le verbe ou la phrase à la forme négative.*

Corrigé page 79

1. 먹다, manger → ne pas manger
   - **A** 먹다 아니다
   - **B** 아니 먹다
   - **C** 안 먹다

2. 사요, Je l'achète. → Je ne l'achète pas.
   - **A** 안 사요.
   - **B** 삽니다.
   - **C** 사다 아니다.

3. 추워요, J'ai froid. → Je n'ai pas froid.
   - **A** 춥습니다.
   - **B** 안 추워요.
   - **C** 네 추워요.

4. 바쁩니까 ?, Êtes-vous occupé ? → Vous n'êtes pas occupé ?
   - **A** 네, 바쁩니까 ?
   - **B** 바쁘다 아닙니까 ?
   - **C** 안 바쁩니까 ?

5. 옷이 예뻐요, Le vêtement est joli. → Le vêtement n'est pas joli.
   - **A** 옷이 안 예뻐요.
   - **B** 옷이 없어요.
   - **C** 안 옷이 예뻐요.

6. 술을 마십니다, Je bois de l'alcool. → Je ne bois pas d'alcool.
   - **A** 안 술을 마십니다.
   - **B** 술을 안 마십니다.
   - **C** 안 술을 마셔요.

# Module 8
기초 GITCHÔ

**Astuce** La marque de négation 안 **an**, *ne pas*, s'emploie juste devant le verbe.

## Focus  La phrase négative « pouvoir »

*Formez le verbe ou la phrase à la forme négative.*

**Corrigé page 79**

1. 자다, dormir → ne pas pouvoir dormir
   - **A** 자다 못
   - **B** 못 자다
   - **C** 자다 못하다

2. 줘요, Je le donne. → Je ne peux pas le donner.
   - **A** 못 줘요.
   - **B** 줘요 못.
   - **C** 주다 못해요.

3. 술을 마셔요, Je bois de l'alcool. → Je ne peux pas boire d'alcool.
   - **A** 술을 못 마셔요.
   - **B** 못 술을 마셔요.
   - **C** 술을 안 못해요.

4. 나를 믿어요 ?, Vous me croyez ? → Vous ne pouvez pas me croire ?
   - **A** 못 나를 믿어요 ?
   - **B** 나를 못 믿어요 ?
   - **C** 안 못 믿어요 ?

5. 공항에 갑니다, Je vais à l'aéroport. → Je ne peux pas aller à l'aéroport.
   - **A** 공항에 못 갑니다.
   - **B** 못 공항에 갑니다.
   - **C** 안 못 갑니다.

6. 내일 가, J'y vais demain. → Je ne peux pas y aller demain.
   - **A** 못 내일 가.
   - **B** 내일 가 못.
   - **C** 내일 못 가.

# Module 8
기초 GITCHÔ

> **Astuce** La marque de négation 못 **môs**, *ne pas pouvoir*, s'emploie également devant le verbe et sert à marquer une impossibilité.

### Focus La formation des phrases

*Remettez les mots en coréen dans le bon ordre afin d'obtenir la bonne traduction.*

1. Je ne peux pas manger de kimchi : 못, 먹다, 김치
   - **A** 김치를 못 먹어요.
   - **B** 김치를 안 먹어요.

2. Demain, je ne vais pas à l'école : 학교, 안, 가다, 내일
   - **A** 내일 안 학교에 갑니다.
   - **B** 내일 학교에 안 가요.

3. Je ne veux pas le faire : 하다, 안
   - **A** 안 해요.
   - **B** 못 합니다.

4. Je ne peux pas le faire : 하다, 못
   - **A** 못 해요.
   - **B** 안 해.

5. Je ne peux pas y aller maintenant : 못, 가다, 지금
   - **A** 지금 가요 못.
   - **B** 지금 못 가.

*Corrigé page 79*

### Focus Les verbes d'action formés à partir d'un nom + 하다 « faire » – forme affirmative

*Formez le verbe d'action à partir du nom.*

1. 운동, sport → faire du sport
   - **A** 운동을 하다
   - **B** 운동있다
   - **C** 운동이다

2. 말, parole → parler
   - **A** 말이다
   - **B** 말이 하다
   - **C** 말하다

3. 싸움, dispute → se disputer
   - **A** 싸움이다
   - **B** 싸움하다
   - **C** 싸움이 있다

4. 생각, pensée → penser
   - **A** 생각하다
   - **B** 생각이다
   - **C** 생각있다

# Module 8
## 기초 GITCHÔ

5. 일, travail → travailler

   **A** 일이다　　**B** 일을 하다　　**C** 일있다

6. 수영, natation → nager

   **A** 수영이다　　**B** 수영있다　　**C** 수영을 하다

> **Astuce** On peut former un verbe d'action en accolant un nom au verbe 하다 **hada**, *faire*, ex. : 공부 **gôngbou**, *études* → 공부하다 **gôngbouhada**, *étudier*. On peut également le former en accolant la particule de COD au nom, suivi du verbe, ainsi : 공부를 하다 **gông-bouleul hada**, *étudier*. N'oubliez pas de laisser une espace entre la particule et le verbe.

### Focus : Les verbes d'action formés à partir d'un nom + 하다 « faire » – forme négative

*Corrigé page 79*

*Sélectionnez la version correcte du verbe d'action à la forme négative.*

1. 사랑하다, aimer → ne pas aimer

   **A** 사랑 안 하다　　**B** 안 사랑하다

2. 운동하다, faire du sport → ne pas faire de sport

   **A** 운동을 안 하다　　**B** 안 운동을 하다

3. 수영하다, nager → ne pas nager

   **A** 안 수영하다　　**B** 수영 안 하다

4. 출발하다, partir → ne pas partir

   **A** 출발하다 아니다　　**B** 출발 안 하다

5. 전화하다, téléphoner → ne pas téléphoner

   **A** 전화를 안 하다　　**B** 안 전화를 하다

> **Astuce** Dans le cas d'un verbe d'action, la marque de négation s'insère devant le verbe 하다 **hada**, *faire*, ex. 공부 안 하다, *étudier*.

## Module 8
기초 GITCHÔ

**Focus** — **Les verbes d'état formés à partir d'un nom + 하다 « faire » – forme affirmative**

*Formez le verbe d'état à partir du nom.*

*Corrigé page 79*

1. 행복, bonheur → être heureux
   - **A** 행복을 하다
   - **B** 행복하다

2. 피곤, fatigue → être fatigué
   - **A** 피곤을 하다
   - **B** 피곤하다

3. 건강, santé → être en bonne santé
   - **A** 건강을 하다
   - **B** 건강하다

4. 필요, nécessité → être nécessaire
   - **A** 필요하다
   - **B** 필요를 하다

**Astuce** Un nom accolé au verbe 하다 **hada**, *faire*, peut également permettre de former un verbe d'état.

**Focus** — **Les verbes d'état formés à partir d'un nom + 하다 « faire » – forme négative**

*Sélectionnez la version correcte du verbe d'état à la forme négative.*

1. 피곤하다, être fatigué → ne pas être fatigué
   - **A** 안 피곤하다
   - **B** 피곤 안 하다

2. 필요하다, être nécessaire → ne pas être nécessaire
   - **A** 필요 안 하다
   - **B** 안 필요하다

3. 순수하다, être naïf → ne pas être naïf
   - **A** 순수 안 하다
   - **B** 안 순수하다

4. 성실하다, être sincère → ne pas être sincère
   - **A** 안 성실하다
   - **B** 성실 안 하다

# Module 8
## 기초 GITCHÔ

> **Astuce** Dans le cas d'un verbe d'état, la marque de négation s'insère devant le verbe car le verbe est inséparable : 안 행복하다, *ne pas être heureux*.

### Focus La négation – formes irrégulières

*Sélectionnez la forme correcte du verbe à la forme négative.*

**Corrigé page 79**

1. 이다, être → ne pas être
   - **A** 안 이다
   - **B** 이 안다
   - **C** 아니다

2. 있다, il y a → il n'y a pas
   - **A** 없다
   - **B** 안 있다
   - **C** 있다 아니다

3. 재미있다, être amusant → ne pas être amusant
   - **A** 재미 있다 아니다
   - **B** 재미없다
   - **C** 재미 안 있다

4. 맛있다, être délicieux → ne pas être délicieux
   - **A** 맛 안 있다
   - **B** 맛있다 아니다
   - **C** 맛없다

5. 알다, connaître → ignorer
   - **A** 모르다
   - **B** 안 알다
   - **C** 알다 아니다

> **Astuce** Comme nous venons de le constater, la forme négative de certains verbes n'a rien à voir avec la forme affirmative.

### Focus Exercice de traduction

*Sélectionnez la bonne traduction.*

1. 오늘 회사에 안 가요.
   - **A** Aujourd'hui, je ne vais pas au travail.
   - **B** Je ne travaille pas maintenant.
   - **C** Aujourd'hui, je vais au travail.

## Module 8
기초 GITCHÔ

Corrigé page 79

2. 지금 안 피곤해요.

   **A** Je suis très fatigué maintenant.

   **B** Je ne travaille pas maintenant.

   **C** Je ne suis pas fatigué maintenant.

3. 행복해요 ? 안 행복해요 ?

   **A** Suis-je heureux ? Suis-je en bonne santé ?

   **B** Êtes-vous heureux ? N'êtes-vous pas heureux ?

   **C** Cela est-il nécessaire ? Cela n'est-il pas nécessaire ?

4. 추워요 ? 안 추워요 ?

   **A** Fait-il froid ? Ne fait-il pas froid ?

   **B** Fait-il chaud ou fait-il froid ?

   **C** Fait-il chaud ou pas ?

5. 김치가 매워요. 저는 김치를 못 먹어요.

   **A** Le kimchi est délicieux. J'aime le kimchi.

   **B** J'aime le kimchi mais je n'en mange pas.

   **C** Le kimchi est pimenté. Je ne peux pas en manger.

---

### Focus  Le choix de la négation

*Sélectionnez la bonne marque de négation qui correspond à la traduction.*

1. 맛없어요. ____ 먹어요. Ce n'est pas bon. Je n'en mange pas.

   **A** 안         **B** 못

2. 돈이 없어요. ____ 사요.
   Je n'ai pas d'argent. Je ne peux pas l'acheter.

   **A** 안         **B** 못

3. 영화가 재미없어요. ____ 봐요.
   Le film n'est pas amusant. Je ne le regarde pas.

   **A** 안         **B** 못

**Module 8**
단어 DANO

4. 오늘 바빠요. ___ 만나요.
Je suis occupé aujourd'hui. Je ne peux pas vous voir.

**A** 안　　　　　　　　　　**B** 못

5. 저는 미국인이에요. 한국어를 ___해요.
Je suis américain. Je ne peux pas parler coréen.

**A** 안　　　　　　　　　　**B** 못

Corrigé page 79

### Noms

| 술 soul | alcool |
| 공항 gônghang | aéroport |
| 내일 nèil | demain |
| 김치 gimtchi | kimchi (chou fermenté, pimenté) |
| 오늘 ôneul | aujourd'hui |
| 지금 djigeum | maintenant |
| 운동 oundông | sport |
| 말 mal | parole |
| 생각 sènggag | pensée |
| 일 il | travail |
| 수영 souyoung | natation |
| 사랑 salang | amour |
| 출발 tchoulbal | départ |
| 전화 djonhwa | appel (téléphonique) |
| 행복 hèngbôg | bonheur |
| 피곤 pʰigôn | fatigue |
| 건강 gon'gang | santé |
| 필요 pʰilyô | nécessité |

## Module 8
단어 DANO

### Verbes

| | | |
|---|---|---|
| 운동하다 | oundôngha-da | *faire du sport* |
| 말하다 | malha-da | *parler* |
| 생각하다 | sènggagha-da | *penser* |
| 수영하다 | souyongha-da | *nager* |
| 행복하다 | hèngbôgha-da | *être heureux* |
| 피곤하다 | pʰigônha-da | *être fatigué* |
| 건강하다 | gon'gangha-da | *être en bonne santé* |
| 필요하다 | pʰilyôha-da | *être nécessaire* |
| 순수하다 | sounsouha-da | *être naïf, pur, innocent* |
| 성실하다 | songsilha-da | *être sincère* |
| 재미있다 | djèmiiss-da | *être amusant, intéressant* |

# Module 8
## CORRIGÉ

## 기초 gitchô

VOTRE SCORE :

**PAGE 70**
La phrase négative
1 **C**  2 **A**  3 **B**  4 **C**  5 **A**  6 **B**

**PAGE 71**
La phrase négative *pouvoir*
1 **B**  2 **A**  3 **A**  4 **B**  5 **A**  6 **C**

**PAGE 72**
La formation des phrases
1 **A**  2 **B**  3 **A**  4 **A**  5 **B**

**PAGES 72-73**
Les verbes d'action formés à partir d'un nom + 하다 *faire* – forme affirmative
1 **A**  2 **C**  3 **B**  4 **A**  5 **B**  6 **C**

**PAGE 73**
Les verbes d'action formés à partir d'un nom + 하다 *faire* – forme négative
1 **A**  2 **A**  3 **B**  4 **B**  5 **A**

**PAGE 74**
Les verbes d'état formés à partir d'un nom + 하다 *faire* – forme affirmative
1 **B**  2 **B**  3 **B**  4 **A**

Les verbes d'état formés à partir d'un nom + 하다 *faire* – forme négative
1 **A**  2 **B**  3 **B**  4 **A**

**PAGE 75**
La négation – formes irrégulières
1 **C**  2 **A**  3 **B**  4 **C**  5 **A**

**PAGES 75-76**
Exercice de traduction
1 **A**  2 **C**  3 **B**  4 **A**  5 **C**

**PAGES 76-77**
Le choix de la négation
1 **A**  2 **B**  3 **A**  4 **B**  5 **B**

---

**Vous avez obtenu entre 0 et 13 ?** Reprenez chaque question en regardant les endroits où vous avez fait des erreurs.

**Vous avez obtenu entre 14 et 30 ?** C'est très moyen, mais ne vous découragez pas.

**Vous avez obtenu entre 31 et 44 ?** Formidable ! Analysez les erreurs et, si besoin, révisez la ou les notions que vous ne maîtrisez pas complètement.

**Vous avez obtenu 45 et plus ?** 참 잘했어요 ! tcham djalhèssoyô

## Module 9
기초 GITCHÔ

**Focus** **Compter en coréen**

*Sélectionnez la bonne forme.*

*Corrigé page 88*

1. 1
   - **A** 일
   - **B** 하나
   - **C** 둘

2. 2
   - **A** 이
   - **B** 둘
   - **C** 두리

3. 3
   - **A** 셋
   - **B** 삼
   - **C** 넷

4. 4
   - **A** 셋
   - **B** 넷
   - **C** 사

5. 5
   - **A** 오
   - **B** 여섯
   - **C** 다섯

6. 6
   - **A** 다섯
   - **B** 육
   - **C** 여섯

**Astuce** En coréen, il existe deux manières de compter, dont la forme et l'utilisation sont bien distinctes : le système coréen et le système sino-coréen.

*Pour chaque chiffre/nombre donné selon le système de comptage coréen, sélectionnez la bonne réponse.*

1. 열
   - **A** 10
   - **B** 20
   - **C** 0

2. 열하나
   - **A** 10
   - **B** 01
   - **C** 11

3. 스물
   - **A** 30
   - **B** 20
   - **C** 12

4. 서른
   - **A** 40
   - **B** 20
   - **C** 30

**Module 9**
기초 GITCHÔ

5. 마흔
   - **A** 14
   - **B** 40
   - **C** 50

6. 쉰
   - **A** 50
   - **B** 30
   - **C** 40

## Focus  Les nombres ordinaux

*Sélectionnez la bonne forme.*

Corrigé page 88

1. 1
   - **A** 첫째
   - **B** 둘째
   - **C** 셋째

2. 2
   - **A** 둘째
   - **B** 이째
   - **C** 첫째

3. 3
   - **A** 첫째
   - **B** 둘째
   - **C** 셋째

4. 4
   - **A** 셋째
   - **B** 넷째
   - **C** 다섯째

5. 5
   - **A** 다섯째
   - **B** 첫째
   - **C** 셋째

6. 6
   - **A** 넷째
   - **B** 다섯째
   - **C** 여섯째

## Focus  L'heure

*Lisez l'heure et sélectionnez la bonne traduction.*

1. 13 h (« une heure » en coréen)
   - **A** 열셋 시
   - **B** 한 시
   - **C** 세 시

2. 14 h (« deux heure » en coréen)
   - **A** 두 시
   - **B** 열넷 시
   - **C** 한 시

## Module 9
### 기초 GITCHÔ

> Corrigé page 88

3. 15 h (« trois heure » en coréen)
   - **A** 두 시
   - **B** 한 시
   - **C** 세 시

4. 16 h (« quatre heure » en coréen)
   - **A** 세 시
   - **B** 네 시
   - **C** 열넷 시

5. 17 h (« cinq heure » en coréen)
   - **A** 열여덟 시
   - **B** 다섯 시
   - **C** 칠 시

6. 18 h (« six heure » en coréen)
   - **A** 육 시
   - **B** 열 다섯 시
   - **C** 여섯 시

**Astuce** L'heure en coréen s'exprime à l'aide du classificateur 시 **si**, *heure*, selon un cycle de 12 heures, ce qui signifie que « 13 h » n'existe pas ; on dira alors « 1 heure (de l'après-midi) ». Les chiffres 하나 **hana** *un*, 둘 **doul** *deux*, 셋 **sés**, *trois* et 넷 **nés**, *quatre*, perdent leur dernière consonne lorsqu'ils sont suivis de classificateurs, ex. : 한 시 **han si**, *une heure* ; 두 시 **dou si**, *deux heures* ; 세 시 **sé si**, *trois heures* et 네 시 **né si**, *quatre heures*.

### Focus Exercice de traduction

*Sélectionnez la bonne traduction.*

1. Quelle heure est-il ?
   - **A** 몇 시에 있어요 ?
   - **B** 몇 시예요 ?

2. Il est trois heures et demi.
   - **A** 네 시 정각이에요.
   - **B** 세 시 반이에요.

3. À quelle heure tu y vas ?
   - **A** 몇 시에 가요 ?
   - **B** 몇 시예요 ?

4. J'y vais à 9 h du matin.
   - **A** 오전 아홉 시예요.
   - **B** 오전 아홉 시에 가요.

5. Je quitte mon bureau à 18 h (« 6 h de l'après-midi »).
   - **A** 오후 여섯 시에 퇴근해요.
   - **B** 오후 여섯 시입니다.

# Module 9
기초 GITCHÔ

**Astuce** Après l'heure, il faut accoler la particule de temps 에 **é** au verbe sauf s'il s'agit du verbe *être*. Ce dernier s'accole directement à son complément, sans particule. On peut apporter des précisions sur le moment de la journée grâce à 오전 **ôdjon**, *matin*, *AM* (anglais) et 오후 **ôhou**, *après-midi*, *PM* (anglais).

## Focus L'âge

Corrigé page 88

*Sélectionnez la bonne réponse.*

1. 18 ans
   - **A** 십팔 살
   - **B** 열여덟 살
   - **C** 열한 살

2. 20 ans
   - **A** 이십 살
   - **B** 스물
   - **C** 스무 살

3. 39 ans
   - **A** 서른아홉 살
   - **B** 마흔아홉 살
   - **C** 삼십구 살

4. 40 ans
   - **A** 사십 살
   - **B** 쉰 살
   - **C** 마흔 살

5. 71 ans
   - **A** 칠십 살
   - **B** 일흔한 살
   - **C** 일흔 살

**Astuce** Pour exprimer l'âge, on emploie le classificateur 살 **sal**, *an*.

## Focus La formation des phrases (suite)

*Pour trouver la bonne traduction, remettez les mots dans le bon ordre.*

1. Dani a 5 ans : 다섯, 이다, 살, 다니
   - **A** 다니는 다섯 살이에요.
   - **B** 다니는 살이 다섯이에요.

2. Quel âge a-t-il, Juni ? : 쥬니, 이다, 살, 몇
   - **A** 쥬니는 몇 살이에요 ?
   - **B** 쥬니는 몇 살입니다 ?

3. Quel âge avez-vous ? : 되다, 어떻게, 나이
   - **A** 나이가 어떻게 돼요 ?
   - **B** 어떻게 나이가 있어요 ?

## Module 9
기초 GITCHÔ

Corrigé page 88

4. J'ai 37 ans : 살, 이다, 서른일곱

   **A** 살이 서른일곱입니다.    **B** 저는 서른일곱 살이에요.

5. À quel âge va-t-on à l'école ? : 몇, 가다, 살, 학교

   **A** 몇 살에 학교에 가요 ?    **B** 몇 시에 학교에 가요 ?

**Astuce** Il faut bien distinguer le classificateur de l'âge 살 **sal**, *an*, du mot 나이 **na'i**, *âge*.

### Focus  Les classificateurs

*Complétez à l'aide du classificateur adapté.*

1. 물 한____ , un verre d'eau
   **A** 병          **B** 개          **C** 잔

2. 물 한____ , une bouteille d'eau
   **A** 잔          **B** 개          **C** 병

3. 사과 두____ , deux pommes
   **A** 개          **B** 대          **C** 사과

4. 컴퓨터 세____ , trois ordinateurs
   **A** 잔          **B** 대          **C** 살

5. 친구 네____ , quatre amis
   **A** 사람        **B** 개          **C** 대

6. 학생 다섯____ , cinq élèves
   **A** 개          **B** 대          **C** 명

**Astuce** Pour compter des personnes, on peut employer les deux classificateurs suivants : 사람 **salam** ou 명 **myong**.

**Module 9**
기초 GITCHÔ

## Focus — Bien utiliser les classificateurs

*Sélectionnez la bonne formation avec classificateur.*

> Corrigé page 88

1. un café (litt. « une tasse de café »)
   - **A** 한 잔 커피
   - **B** 커피 한 잔
   - **C** 한 커피

2. trois chats
   - **A** 고양이 세 마리
   - **B** 세 고양이
   - **C** 고양이 세 개

3. deux paires de chaussettes
   - **A** 양말 둘
   - **B** 양말 두 켤레
   - **C** 두 양말 켤레

4. quatre voitures
   - **A** 네 차 대
   - **B** 차 네 개
   - **C** 차 네 대

5. trois sacs
   - **A** 가방 세 개
   - **B** 가방 세 마리
   - **C** 세 가방 개

## Focus — Exercice de traduction

*Sélectionnez la bonne traduction.*

1. Combien y a-t-il d'élèves ?
   - **A** 몇 학생이에요 ?
   - **B** 학생 무엇 명이 있어요 ?
   - **C** 학생 몇 명이 있어요 ?

2. Il y a sept élèves.
   - **A** 사람 일곱 학생이 있어요.
   - **B** 학생 일곱 명이 있어요.
   - **C** 학생 일곱 명을 있어요.

**Module 9**
단어 DANO

3. J'achète une paire de chaussures.
   - **A** 신발 한 켤레가 사요.
   - **B** 한 신발 켤레를 사요.
   - **C** 신발 한 켤레를 사요.

4. Deux enfants sont à la maison.
   - **A** 아이 두 명이 집에 있어요.
   - **B** 아이 두 명에 집이 있어요.
   - **C** 두 아이 명이 집이에요.

5. Les trois voitures sont grandes.
   - **A** 세 차 대가 있어요.
   - **B** 차 세 대를 커요.
   - **C** 차 세 대가 커요.

### Noms

| | | |
|---|---|---|
| 정각 | djonggag | *(à l')heure exacte* |
| 반 | ban | *et demi* |
| 오전 | ôdjon | *matinée* |
| 오후 | ôhou | *après-midi* |
| 나이 | na'i | *âge* |
| 학교 | haggyô | *école* |
| 커피 | kʰopʰi | *café (boisson)* |
| 고양이 | gôyang'i | *chat* |
| 양말 | yangmal | *chaussette* |

**Module 9**
단어 DANO

## Classificateurs, interrogatif

| | | |
|---|---|---|
| 시 | si | classificateur pour compter les heures |
| 몇 | myotch | *combien, quel nombre* |
| 살 | sal | cl. pour donner l'âge |
| 병 | byong | cl. pour compter les bouteilles |
| 잔 | djan | cl. pour compter les tasses et les verres |
| 개 | gè | cl. pour compter la plupart des objets |
| 대 | dè | cl. pour compter les véhicules, les machines |
| 사람 | salam | cl. pour compter les personnes |
| 명 | myong | cl. pour compter les personnes (système sino-coréen) |
| 마리 | mali | cl. pour compter les animaux |
| 켤레 | k^hyollé | cl. pour compter les paires de chaussures |

## Verbe

퇴근하다 t^hwégeunha-da   *quitter le bureau*

# Module 9
## CORRIGÉ

## 기초 gitchô

VOTRE SCORE :

**PAGES 80-81**
Compter en coréen
1 **B**  2 **B**  3 **A**  4 **B**  5 **C**  6 **C**
1 **A**  2 **C**  3 **B**  4 **C**  5 **B**  6 **A**

**PAGE 81**
Les nombres ordinaux
1 **A**  2 **A**  3 **C**  4 **B**  5 **A**  6 **C**

**PAGES 81-82**
L'heure
1 **B**  2 **A**  3 **C**  4 **B**  5 **B**  6 **C**

**PAGE 82**
Exercice de traduction
1 **B**  2 **B**  3 **A**  4 **B**  5 **A**

**PAGE 83**
L'âge
1 **B**  2 **C**  3 **A**  4 **C**  5 **B**

**PAGES 83-84**
La formation des phrases (suite)
1 **A**  2 **A**  3 **A**  4 **B**  5 **A**

**PAGE 84**
Les classificateurs
1 **C**  2 **C**  3 **A**  4 **B**  5 **A**  6 **C**

**PAGE 85**
Bien utiliser les classificateurs
1 **B**  2 **A**  3 **B**  4 **C**  5 **A**

**PAGES 85-86**
Exercice de traduction
1 **C**  2 **B**  3 **C**  4 **A**  5 **C**

---

**Vous avez obtenu entre 0 et 14 ?** Reprenez chaque question en regardant les endroits où vous avez fait des erreurs.

**Vous avez obtenu entre 15 et 30 ?** C'est très moyen, mais ne vous découragez pas.

**Vous avez obtenu entre 31 et 46 ?** Formidable ! Analysez les erreurs et, si besoin, révisez la ou les notions que vous ne maîtrisez pas complètement.

**Vous avez obtenu 47 et plus ?** 참 잘했어요 ! tcham djalhèssoyô

**Module 10**
기초 GITCHÔ

**Focus** Le système de comptage sino-coréen

*Sélectionnez la bonne forme.*

Corrigé page 97

1. 1
   - **A** 일
   - **B** 하나
   - **C** 이

2. 2
   - **A** 이
   - **B** 일
   - **C** 둘

3. 3
   - **A** 세
   - **B** 삼
   - **C** 셋

4. 4
   - **A** 삼
   - **B** 넷
   - **C** 사

5. 5
   - **A** 오
   - **B** 다섯
   - **C** 칠

6. 6
   - **A** 여섯
   - **B** 육
   - **C** 유

*Sélectionnez la bonne forme correspondant au comptage sino-coréen.*

1. 십
   - **A** 10
   - **B** 20
   - **C** 0

2. 십일
   - **A** 10
   - **B** 01
   - **C** 11

3. 이십
   - **A** 30
   - **B** 20
   - **C** 12

4. 삼십
   - **A** 40
   - **B** 20
   - **C** 30

**Module 10**
기초 GITCHÔ

*Corrigé page 97*

5. 삼십칠
   - Ⓐ 3 107
   - Ⓑ 37
   - Ⓒ 17

6. 구십구
   - Ⓐ 99
   - Ⓑ 19
   - Ⓒ 69

---

**Focus** **Les prix**

*Sélectionnez la forme équivalente.*

1. 1 900 ₩
   - Ⓐ 십구백 원
   - Ⓑ 천구백 원
   - Ⓒ 일구 원

2. 10 000 ₩
   - Ⓐ 십천 원
   - Ⓑ 일십천 원
   - Ⓒ 만 원

3. 26 000 ₩
   - Ⓐ 이만육천 원
   - Ⓑ 이십육천 원
   - Ⓒ 이육천 원

4. 99 000 ₩
   - Ⓐ 구십구천 원
   - Ⓑ 구만구천 원
   - Ⓒ 구구천 원

5. 390 000 ₩
   - Ⓐ 삼백구천 원
   - Ⓑ 삼구만 원
   - Ⓒ 삼십구만 원

6. 1 000 000 ₩
   - Ⓐ 천천 원
   - Ⓑ 일천만 원
   - Ⓒ 백만 원

---

**Astuce** Les prix s'expriment à l'aide du système de comptage sino-coréen et du signe de la devise coréenne 원 **won**, notée ₩. Notez qu'il existe une unité particulière : 만 **man**, *10 000*.

# Module 10
기초 GITCHÔ

## Focus  Exercice de traduction

*Sélectionnez la bonne traduction.*

**Corrigé page 97**

1. Ça coûte combien ?
   - **A** 몇 입니까 ?
   - **B** 얼마예요 ?

2. Ça coûte 20 000 ₩.
   - **A** 이십 천원입니다.
   - **B** 이만 원이에요.

3. C'est trop cher.
   - **A** 너무 비싸요.
   - **B** 너무 나빠요.

4. Faites-moi un prix, s'il vous plaît.
   - **A** 안녕히 가세요.
   - **B** 깎아 주세요.

5. régler en espèces
   - **A** 현금으로 계산하다
   - **B** 계산하다

6. régler par carte
   - **A** 계산하다
   - **B** 카드로 계산하다

## Focus  Les minutes

*Lisez l'heure et sélectionnez la bonne traduction.*

1. 1 h 05
   - **A** 일 시 오 분
   - **B** 한 시 오 분
   - **C** 한 시 다섯

2. 14 h 10
   - **A** 두 시 십 분
   - **B** 열넷 시 열 분
   - **C** 열네 시 십 분

3. 15 h 15
   - **A** 열다섯 시 열다섯
   - **B** 삼 시 십오 분
   - **C** 세 시 십오 분

4. 16 h 30
   - **A** 열여섯 시 서른
   - **B** 네 시 삼십 분
   - **C** 십육 시 서른

## Module 10
기초 GITCHÔ

Corrigé page 97

5. 17 h 45
   - A 십칠 시 마흔 다섯
   - B 다섯 시 사십오 분
   - C 다섯 시 마흔

6. 22 h 50
   - A 열 시 오십 분
   - B 이십이 시 십오
   - C 십 시 오십 분

**Astuce** Contrairement aux heures qu'on exprime à l'aide du système de comptage coréen, les minutes s'expriment avec le système de comptage sino-coréen et le classificateur 분 **boun**.

### Focus L'âge (système de comptage sino-coréen)

*Sélectionnez la bonne traduction.*

1. 18 ans
   - A 십팔 세
   - B 십팔 살
   - C 열일곱 세

2. 20 ans
   - A 스물 세
   - B 두십 세
   - C 이십 세

3. 39 ans
   - A 서른아홉 세
   - B 사십구 세
   - C 삼십구 세

4. 40 ans
   - A 사십 세
   - B 삼십 세
   - C 마흔 세

5. 71 ans
   - A 육십십일 세
   - B 칠십일 세
   - C 일흔하나 세

**Module 10**
기초 GITCHÔ

> **Astuce** Pour exprimer l'âge, on peut également utiliser le système de comptage sino-coréen à condition de l'accompagner du classificateur sino-coréen pour compter de l'âge : 세 **sé**, *an*.

### Focus La date

*Sélectionnez la bonne traduction.*

**Corrigé page 97**

1. « année » 2021
   - **A** 이천이십일 년
   - **B** 이천스물하나 년

2. septembre
   - **A** 아홉 달
   - **B** 구월

3. le 17
   - **A** 십칠 일
   - **B** 일칠 일

4. le 3 décembre 2016
   - **A** 이천십육 년 십이월 삼 일
   - **B** 이천십육 십이 삼

5. le 28 octobre 2018
   - **A** 이천십팔 년 시월 이십팔 일
   - **B** 이천십팔 십월 이팔

> **Astuce** Selon le système de comptage sino-coréen, la date est donnée suivant cet ordre : 년 **nyon**, *année*, 월 **wol**, *mois*, 일 **il**, *jour*.

### Focus La durée

*Sélectionnez la bonne traduction. Faites bien attention au système de comptage !*

1. pendant deux ans
   - **A** 두 살에
   - **B** 이 해 동안
   - **C** 이 년 동안

2. pendant deux ans
   - **A** 두 해 동안
   - **B** 이 해 동안
   - **C** 두 년 동안

3. pendant six mois
   - **A** 육 개월 동안
   - **B** 육 월 동안
   - **C** 여섯 월 동안

## Module 10
### 기초 GITCHÔ

Corrigé page 97

4. pendant six mois
   - Ⓐ 유월 동안
   - Ⓑ 여섯 달 동안
   - Ⓒ 여섯 월 동안

5. pendant sept jours
   - Ⓐ 일곱 일 동안
   - Ⓑ 칠 하루 동안
   - Ⓒ 칠 일 동안

6. pendant cinq heures
   - Ⓐ 오 시 동안
   - Ⓑ 다섯 시간 동안
   - Ⓒ 오 시간 동안

**Astuce** La durée s'exprime grâce aux classificateurs tels que : 년 **nyon**, *année* ; 개월 **gèwol**, *mois* ; 일 **il**, *jour* ; 해 **hè**, *année* ; 달 **dal**, *mois* ; 시간 **sigan**, *heure*. Les trois premiers fonctionnent avec le système de comptage sino-coréen et les trois derniers, avec le système de comptage coréen.

### Focus  Distinguer le temps et la durée

*Sélectionnez la bonne traduction des éléments soulignés.*

1. J'ai <u>deux ans</u>.
   - Ⓐ 두 해
   - Ⓑ 두 살
   - Ⓒ 이 년

2. J'ai habité en Corée pendant <u>deux ans</u>.
   - Ⓐ 두 살
   - Ⓑ 이 해
   - Ⓒ 두 해

3. Mon anniversaire est en <u>juin</u>.
   - Ⓐ 여섯 달
   - Ⓑ 유월
   - Ⓒ 여섯 월

4. J'ai travaillé pendant <u>six mois</u>.
   - Ⓐ 육 개월
   - Ⓑ 유월
   - Ⓒ 여섯 월

5. Il est <u>5 heures</u>.
   - Ⓐ 다섯 시간
   - Ⓑ 다섯 시
   - Ⓒ 오 시

6. Cela prend <u>cinq heures</u>.
   - Ⓐ 오 시
   - Ⓑ 다섯 시
   - Ⓒ 다섯 시간

# Module 10
단어 DANO

### Focus — Commander un plat

*Lisez le chiffre souligné et sélectionnez la bonne réponse.*

**Corrigé page 97**

1. 김치찌개 <u>3</u>인분, du kimchi jjigae pour trois personnes
   - **A** 삼
   - **B** 셋
   - **C** 세

2. 떡볶이 <u>2</u>인분, du tteokbokki pour deux personnes
   - **A** 둘
   - **B** 이
   - **C** 두

3. 삼겹살 <u>10</u>인분, du samgyeopsal pour dix personnes
   - **A** 열
   - **B** 일
   - **C** 십

4. 김밥 <u>1</u>인분, du kimbap pour une personne
   - **A** 일
   - **B** 하나
   - **C** 한

**Astuce** 인분 inboun, *portion*, est un classificateur souvent employé quand on commande un plat. Il est associé au système de comptage sino-coréen.

### Noms

| | | |
|---|---|---|
| 너무 | nomou | *trop* |
| 현금 | hyon'geum | *espèce* |
| 카드 | kʰadeu | *carte* |
| 동안 | dông'an | *pendant* |

### Classificateurs, pronoms interrogatifs, particules

| | | |
|---|---|---|
| 원 | won | classificateur monétaire |
| 몇 | myotch | *combien de, quel nombre* |
| 얼마 | olma | *combien* |
| 으로/로 | eulô/lô | *par* |
| 분 | boun | classificateur pour les minutes |
| 세 | sé | sino-classificateur pour l'âge |

## Module 10
단어 DANO

| 년 nyon | sino-classificateur pour les années |
| --- | --- |
| 월 wol | sino-classificateur pour les mois |
| 일 il | classificateur pour les jours |
| 개월 gèwol | classificateur pour les mois (durée) |
| 해 hè | classificateur pour les années |
| 달 dal | classificateur pour les mois |
| 시간 sigan | classificateur pour l'heure (durée) |
| 인분 inboun | classificateur pour les portions |

### Verbes

| 깎다 kkakk-da | *baisser le prix* |
| --- | --- |
| 계산하다 gyésanha-da | *payer, régler* |

**Module 10**
CORRIGÉ

## 기초 gitchô

**VOTRE SCORE :**

**PAGES 89-90**
Le système de comptage sino-coréen
1 **A**  2 **A**  3 **B**  4 **C**  5 **B**  6 **B**
1 **A**  2 **C**  3 **B**  4 **C**  5 **B**  6 **A**

**PAGE 90**
Les prix
1 **B**  2 **C**  3 **A**  4 **B**  5 **C**  6 **C**

**PAGE 91**
Exercice de traduction
1 **B**  2 **B**  3 **A**  4 **B**  5 **A**  6 **B**

**PAGES 91-92**
Les minutes
1 **B**  2 **A**  3 **C**  4 **B**  5 **B**  6 **A**

**PAGE 92**
L'âge (système de comptage sino-coréen)
1 **A**  2 **C**  3 **C**  4 **A**  5 **B**

**PAGE 93**
La date
1 **A**  2 **A**  3 **A**  4 **A**  5 **A**

**PAGES 93-94**
La durée
1 **C**  2 **A**  3 **A**  4 **B**  5 **C**  6 **B**

**PAGE 94**
Distinguer le temps et la durée
1 **B**  2 **C**  3 **B**  4 **A**  5 **B**  6 **C**

**PAGE 95**
Commander un plat
1 **A**  2 **B**  3 **C**  4 **A**

---

**Vous avez obtenu entre 0 et 14 ?** Reprenez chaque question en regardant les endroits où vous avez fait des erreurs.

**Vous avez obtenu entre 15 et 30 ?** C'est très moyen, mais ne vous découragez pas.

**Vous avez obtenu entre 31 et 46 ?** Formidable ! Analysez les erreurs et, si besoin, révisez la ou les notions que vous ne maîtrisez pas complètement.

**Vous avez obtenu 47 et plus ?** 참 잘했어요 ! tcham djalhèssoyô

## Module 11
기초 GITCHÔ

**Focus** Les adjectifs démonstratifs

*Sélectionnez la bonne traduction.*

1. cette personne-ci
   - **A** 그 사람
   - **B** 저 사람
   - **C** 이 사람

2. cette personne là-bas
   - **A** 저 사람
   - **B** 저기
   - **C** 여기 사람

3. cette personne-là
   - **A** 그 사람
   - **B** 여기 사람
   - **C** 저 사람

4. cet élève-là
   - **A** 여기 학생
   - **B** 그 학생
   - **C** 이 학생

5. cet élève-ci
   - **A** 그 학생
   - **B** 저 학생
   - **C** 이 학생

6. cet élève là-bas
   - **A** 저 학생
   - **B** 이 학생
   - **C** 저 사람

**Astuce** 그 **geu**, *ce/cet/te …-là*, sert à désigner un élément se trouvant plus près de l'interlocuteur que du locuteur. Il sert également à désigner un élément déjà précisé mais absent au moment de la conversation, ex. : 그 사람 **geu salam**, *cette personne-là* (plus près de l'interlocuteur) ou *la personne* (qu'on connaît).

*Complétez les phrases à l'aide du bon élément.*

1. ___ 사람이 제 어머니입니다,
   Cette personne-ci est ma mère.
   - **A** 그
   - **B** 이
   - **C** 여기
   - **D** 저

2. 저 사람___ 제 아버지입니다,
   Cette personne là-bas est mon père.
   - **A** 이
   - **B** 가
   - **C** 을
   - **D** 저

# Module 11
## 기초 GITCHÔ

3. \_\_\_ 사람이 누구입니까 ?,
   Qui est cette personne-là ?

   **A** 이    **B** 저    **C** 그    **D** 여기

4. \_\_\_ 사람을 알아요,
   Je connais cette personne-là.

   **A** 그    **B** 이    **C** 저    **D** 거기

5. \_\_\_ 다니입니다,
   Cette élève s'appelle Dani.

   **A** 이 사람은    **B** 이    **C** 이 학생은    **D** 저 학생을

6. \_\_\_ 누구예요 ?,
   Qui est cet élève là-bas ?

   **A** 이 학생    **B** 그 사람은    **C** 저 학생은    **D** 저 학생을

### Focus — Les pronoms démonstratifs

*Corrigé page 105*

*Sélectionnez la bonne traduction.*

1. celui-ci
   **A** 여기    **B** 저것    **C** 이것

2. celui-là là-bas
   **A** 이 사람    **B** 저 사람    **C** 저것

3. celui-là
   **A** 이것    **B** 저것    **C** 그것

4. ça (ici)
   **A** 여기    **B** 이거    **C** 그거

5. ça, là
   **A** 이거    **B** 그거    **C** 저거

6. ça là-bas
   **A** 저거    **B** 이거    **C** 그거

## Module 11
기초 GITCHÔ

**Focus** Les pronoms démonstratifs + particules

*Sélectionnez la bonne forme combinée.*

Corrigé page 105

1. ça (ici) + particule de sujet
   - **A** 이것을
   - **B** 이게
   - **C** 그게

2. ça, là + particule de sujet
   - **A** 그게
   - **B** 그것을
   - **C** 저게

3. ça là-bas + particule de sujet
   - **A** 이게
   - **B** 그게
   - **C** 저게

4. ça (ici) + particule d'objet direct
   - **A** 이게
   - **B** 이걸
   - **C** 이건

5. ça, là + particule d'objet direct
   - **A** 그게
   - **B** 저절
   - **C** 그걸

6. ça là-bas + particule d'objet direct
   - **A** 이걸
   - **B** 저걸
   - **C** 저것

7. ça (ici) + particule de thème
   - **A** 이건
   - **B** 그건
   - **C** 저건

8. ça, là + particule de thème
   - **A** 그게
   - **B** 그걸
   - **C** 그건

9. ça là-bas + particule de thème
   - **A** 저게
   - **B** 저건
   - **C** 저걸

**Astuce** On emploie très souvent la forme contractée (que nous avons pu voir dans cet exercice) à l'oral.

**Module 11**
기초 GITCHÔ

## Focus  Exercice de traduction

*Sélectionnez la bonne traduction.*

**Corrigé page 105**

1. Qu'est-ce que c'est ça ici ?
   - Ⓐ 여기가 어디예요 ?
   - Ⓑ 이게 뭐예요 ?

2. C'est délicieux ça, là ?
   - Ⓐ 이게 맛없어요 ?
   - Ⓑ 그게 맛있어요 ?

3. Donnez-moi ça là-bas, s'il vous plaît.
   - Ⓐ 저걸 주세요.
   - Ⓑ 이게 주세요.

4. Connaissez-vous ceci ?
   - Ⓐ 이걸 아세요 ?
   - Ⓑ 저를 아세요 ?

5. Qu'est-ce que c'est ça là-bas ?
   - Ⓐ 그걸 무엇이에요 ?
   - Ⓑ 저게 뭐예요 ?

**Astuce** Le verbe 알다 **alda**, *connaître*, se conjugue ainsi au style poli lorsqu'on emploie la marque honorifique : 아 (알다 **alda**, *connaître*) + 시 **si**, marque honorifique + 어요, terminaison de style poli = 아세요.

## Focus  Les adverbes de lieu

*Sélectionnez la bonne traduction.*

1. ici
   - Ⓐ 이것
   - Ⓑ 여기
   - Ⓒ 저기

2. là-bas
   - Ⓐ 저기
   - Ⓑ 여기
   - Ⓒ 거기

3. là
   - Ⓐ 여기
   - Ⓑ 거기
   - Ⓒ 그것

# Module 11
## 기초 GITCHÔ

### Focus — Exercice de traduction

*Sélectionnez la bonne traduction.*

1. Est-ce loin d'ici ?
   - **A** 여기에서 멀어요 ?
   - **B** 여기예요 ?

2. Est-ce ici ?
   - **A** 이것이에요 ?
   - **B** 여기예요 ?

3. Non, c'est là-bas.
   - **A** 아니요, 안 멀어요.
   - **B** 아니요, 저기예요.

4. Quand allons-nous là ?
   - **A** 거기에 언제 가요 ?
   - **B** 언제 만나요 ?

5. d'ici jusque là-bas
   - **A** 부터여기 까지저기
   - **B** 여기부터 저기까지

### Focus — Les pronoms indéfinis

*Sélectionnez la bonne traduction.*

1. 아무나
   - **A** n'importe quand
   - **B** n'importe qui
   - **C** n'importe où

2. 아무 때나
   - **A** n'importe quand
   - **B** n'importe où
   - **C** n'importe qui

3. 아무 데나
   - **A** nulle part
   - **B** n'importe où
   - **C** n'importe qui

4. 아무거나
   - **A** n'importe quoi
   - **B** aucun
   - **C** n'importe où

5. 아무렇게나
   - **A** n'importe où
   - **B** n'importe comment
   - **C** rien

# Module 11
## 기초 GITCHÔ

*Sélectionnez la bonne traduction.*

1. 아무도
   - **A** aucun
   - **B** nulle part
   - **C** personne

2. 아무 때도
   - **A** à aucun moment
   - **B** nulle part
   - **C** n'importe où

3. 아무 데도
   - **A** n'importe où
   - **B** personne
   - **C** nulle part

4. 아무것도
   - **A** jamais
   - **B** rien
   - **C** personne

**Astuce** Contrairement à la première partie de cet exercice, les termes de la deuxième partie ne s'emploient que dans une phrase négative.

## Focus Les pronoms

*Complétez les phrases.*

Corrigé page 105

1. ____ 안 만나요, Je ne vois personne.
   - **A** 아무도
   - **B** 아무것도
   - **C** 아무 데도

2. ____ 아니에요, Ce n'est rien.
   - **A** 아무도
   - **B** 아무거나
   - **C** 아무것도

3. ____ 자요, Il dort n'importe quand.
   - **A** 아무 때도
   - **B** 아무 때나
   - **C** 아무도

4. ____ 가능합니다,
   N'importe qui peut le faire. (litt. « n'importe qui est possible »)
   - **A** 아무도
   - **B** 아무것도
   - **C** 아무나

5. ____ 안 가요, Je ne vais nulle part.
   - **A** 아무도
   - **B** 아무 데도
   - **C** 아무나

6. ____ 주차합니다, Elle s'est garée n'importe où.
   - **A** 아무나
   - **B** 아무 데나
   - **C** 아무거나

# Module 11
단어 DANO

## Particules, adverbes, pronoms

| 부터 bouthо | à partir de |
| --- | --- |
| 까지 kkadji | jusqu'à |
| 아무나 amouna | n'importe qui |
| 아무 때나 amou ttèna | n'importe quand |
| 아무 데나 amou déna | n'importe où |
| 아무 거나 amou gona | n'importe quoi |
| 아무렇게나 amoulohgéna | n'importe comment |
| 아무도 amoudô | personne |
| 아무 때도 amou ttèdô | à aucun moment |
| 아무 데도 amou dédô | nulle part |
| 아무것도 amougosdô | rien |

## Démonstratifs

| 이 i | ce... -ci |
| --- | --- |
| 그 geu | ce... -là |
| 저 djo | ce... là-bas |
| 이것 igos | cette chose-ci |
| 그것 geugos | cette chose-là |
| 저것 djogos | cette chose là-bas |
| 이거 igo | ça ici |
| 그거 geugo | ça là |
| 저거 djogo | ça là-bas |
| 여기 yogi | ici |
| 거기 gogi | là |
| 저기 djogi | là-bas |

## Verbe

| 주차하다 djoutchaha-da | se garer |
| --- | --- |

# Module 11
## CORRIGÉ

VOTRE SCORE :

## 기초 gitchô

### PAGES 98-99
Les adjectifs démonstratifs
1 **C** 2 **A** 3 **A** 4 **B** 5 **C** 6 **A**
1 **B** 2 **A** 3 **C** 4 **A** 5 **C** 6 **C**

### PAGE 99
Les pronoms démonstratifs
1 **C** 2 **C** 3 **C** 4 **B** 5 **B** 6 **A**

### PAGE 100
Les pronoms démonstratifs + particules
1 **B** 2 **A** 3 **C** 4 **B** 5 **C** 6 **B** 7 **A** 8 **C** 9 **B**

### PAGE 101
Exercice de traduction
1 **B** 2 **B** 3 **A** 4 **A** 5 **B**

Les adverbes de lieu
1 **B** 2 **A** 3 **B**

### PAGE 102
Exercice de traduction
1 **A** 2 **B** 3 **B** 4 **A** 5 **B**

### PAGES 102-103
Les pronoms indéfinis
1 **B** 2 **A** 3 **B** 4 **A** 5 **B**
1 **C** 2 **A** 3 **C** 4 **B**

### PAGE 103
Les pronoms
1 **A** 2 **C** 3 **B** 4 **C** 5 **B** 6 **B**

---

**Vous avez obtenu entre 0 et 14 ?** Reprenez chaque question en regardant les endroits où vous avez fait des erreurs.

**Vous avez obtenu entre 15 et 30 ?** C'est très moyen, mais ne vous découragez pas.

**Vous avez obtenu entre 31 et 46 ?** Formidable ! Analysez les erreurs et, si besoin, révisez la ou les notions que vous ne maîtrisez pas complètement.

**Vous avez obtenu 47 et plus ?** 참 잘했어요 ! tcham djalhèssoyô

# Module 12
기초 GITCHÔ

## Focus — La forme honorifique : les verbes réguliers

*Sélectionnez le verbe à l'infinitif portant la marque honorifique.*

1. 가다, aller
   - **A** 갑니다
   - **B** 가십니다
   - **C** 가시다

2. 쓰다, écrire
   - **A** 써요
   - **B** 쓰시다
   - **C** 쓰으시다

3. 읽다, lire
   - **A** 읽시다
   - **B** 읽으시다
   - **C** 읽으십니다

4. 전화하다, téléphoner
   - **A** 전화하으시다
   - **B** 전화하십니다
   - **C** 전화하시다

5. 있다, avoir (quelque chose)
   - **A** 있으시다
   - **B** 있시다
   - **C** 있으십니다

6. 오다, venir
   - **A** 오으시다
   - **B** 오시다
   - **C** 오십니다

7. 주다, donner
   - **A** 주으시다
   - **B** 주시다
   - **C** 주십니다

## Focus — La forme honorifique : les verbes irréguliers

*Sélectionnez le verbe à l'infinitif portant la marque honorifique.*

1. 가볍다, être léger
   - **A** 가볍으시다
   - **B** 가벼우시다
   - **C** 가볍시다

2. 덥다, avoir chaud
   - **A** 더우시다
   - **B** 덥으시다
   - **C** 덥시다

3. 살다, vivre
   - **A** 살시다
   - **B** 사시다
   - **C** 삽시다

Corrigé page 115

**Module 12**
기초 GITCHÔ

4. 놀다, s'amuser
   - **A** 놀시다
   - **B** 놉시다
   - **C** 노시다
5. 알다, connaître
   - **A** 알시다
   - **B** 아시다
   - **C** 압시다
6. 걷다, marcher
   - **A** 걸으시다
   - **B** 걸시다
   - **C** 걷으시다

**Astuce** Lorsque le radical se termine par les consonnes ㄹ l, ㅂ b, ㅅ s ou ㄷ d, il prend la forme irrégulière comme la conjugaison avec la terminaison de style poli.

**Focus** **La forme honorifique : les verbes particuliers**

*Sélectionnez la bonne version du verbe à la forme honorifique.*

Corrigé page 115

1. 자다, dormir
   - **A** 주무시다
   - **B** 자시다
   - **C** 자으시다
2. 먹다, manger
   - **A** 먹으시다
   - **B** 드시다
   - **C** 먹습니다
3. 말하다, parler
   - **A** 말하으시다
   - **B** 말씀하시다
   - **C** 말합니다
4. 마시다, boire
   - **A** 마시십니다
   - **B** 마시시다
   - **C** 드시다
5. 먹다, manger
   - **A** 잡수시다
   - **B** 먹습니다
   - **C** 먹으시다

**Astuce** Certains verbes (comme ceux que nous venons de voir) changent complètement de forme au lieu de prendre la marque honorifique.

# Module 12
기초 GITCHÔ

*Sélectionnez la bonne version du verbe (souligné) à la forme honorifique.*

1. 할아버지를 <u>만나다</u>, Je vois mon grand-père
   - **A** 뵈다
   - **B** 만납니다
   - **C** 만나으시다

2. 할아버지를 집에 <u>데려오다</u>, J'amène mon grand-père à la maison.
   - **A** 데려오시다
   - **B** 모셔 오다
   - **C** 데려시다

3. 집에 <u>있다</u>, Il (grand-père) reste à la maison
   - **A** 계시다
   - **B** 있시다
   - **C** 계으시다

4. <u>축하하다</u>, Félicitations !
   - **A** 축하시다
   - **B** 축하드리다
   - **C** 축하으시다

**Astuce** Les verbes présentés ci-dessus ne sont pas conjugués pour vous faciliter la tâche, lorsqu'on accole la terminaison au radical, la forme peut se contracter et devenir ainsi irrégulière.

## Focus La forme honorifique et le COI

*Sélectionnez la bonne version du verbe (souligné) à la forme honorifique.*

1. 할아버지께 <u>주다</u>, Je le donne à mon grand-père.
   - **A** 주시다
   - **B** 드리다
   - **C** 주으시다

2. 할아버지께 <u>묻다</u>, Je le demande à mon grand-père.
   - **A** 묻으시다
   - **B** 여쭈다
   - **C** 묻시다

3. 할아버지께 <u>말하다</u>, Je parle à mon grand-père.
   - **A** 말씀드리다
   - **B** 말하시다
   - **C** 말으시다

4. 할머니께 <u>전화하다</u>, Je téléphone à ma grand-mère.
   - **A** 전화하시다
   - **B** 전화드리다
   - **C** 전화하으시다

5. 할머니께 <u>인사하다</u>, Je dis bonjour à ma grand-mère.
   - **A** 인사하시다
   - **B** 인사드리다
   - **C** 인사하으시다

**Module 12**
기초 GITCHÔ

> **Astuce** Il faut distinguer à quel élément on s'adresse pour savoir si l'on doit utiliser la forme honorifique. Par exemple, 주다 **djouda**, *(quelqu'un) donner (à quelqu'un)*, peut présenter deux formes honorifiques selon le destinataire. Pour honorer le sujet (« quelqu'un »), par exemple, *Mon grand-père donne...*, on utilisera 주시다 **djousida** ; pour honorer le COI (« à quelqu'un »), par exemple, *Je le donne à mon grand-père*, on utilisera 드리다 **deulida**. Les verbes ne sont pas conjugués.

### Focus — La forme honorifique conjuguée

*Sélectionnez la bonne version du verbe selon la forme honorifique signalée entre parenthèses.*

**Corrigé page 115**

1. 주다, donner (style poli)
   - Ⓐ 주세요
   - Ⓑ 주십니다
   - Ⓒ 주셔

2. 주다, donner (style familier)
   - Ⓐ 주십니다
   - Ⓑ 주세요
   - Ⓒ 주셔

3. 주다, donner (style ultra formel)
   - Ⓐ 주십니다
   - Ⓑ 줍니다
   - Ⓒ 주시다

4. 이다, être (style poli)
   - Ⓐ 이시다
   - Ⓑ 입니다
   - Ⓒ 이세요

5. 이다, être (style ultra formel)
   - Ⓐ 이세요
   - Ⓑ 이시다
   - Ⓒ 이십니다

6. 이다, être (style familier)
   - Ⓐ 이시다
   - Ⓑ 이시어
   - Ⓒ 이셔

> **Astuce** La marque honorifique 시 **si** + la terminaison de stye poli 어요 **oyô** peuvent se contracter, ainsi ; 세요 **séyô**. La marque honorifique 시 **si** + la terminaison de style familier 어 **o** peuvent se contracter, ainsi : 셔 **syo**.

# Module 12
기초 GITCHÔ

## Focus — La forme honorifique : les noms

*Sélectionnez la bonne version du nom à la forme honorifique.*

Corrigé page 115

1. 엄마, maman
   - A 엄마님
   - B 아버지
   - C 어머니

2. 아빠, papa
   - A 어머니
   - B 아빠님
   - C 아버지

3. 나이, âge
   - A 이름
   - B 연세
   - C 생일

4. 밥, repas
   - A 연세
   - B 밥
   - C 식사/진지

5. 집, maison
   - A 댁
   - B 회사
   - C 학교

6. 말, parole
   - A 말씀
   - B 말시
   - C 말으시

7. 생일, anniversaire
   - A 성함
   - B 생년월일
   - C 생신

8. 이름, nom (complet)
   - A 성함
   - B 생신
   - C 분

9. 사람, personne
   - A 성함
   - B 생신
   - C 분

## Focus — La forme honorifique : les particules

*Sélectionnez la bonne version de la particule à la forme honorifique.*

1. 은/는
   - A 이/가
   - B 께서는
   - C 께

2. 이/가
   - A 께
   - B 은/는
   - C 께서

**Module 12**
기초 GITCHÔ

3. 에게/한테
   - **A** 께
   - **B** 께서
   - **C** 께서는

## Focus  Exercice de traduction

*Sélectionnez la bonne traduction.*

Corrigé page 115

1. 성함이 어떻게 되세요 ?
   - **A** Quel âge avez-vous ?
   - **B** Quel est votre nom ?
   - **C** Où habitez-vous ?

2. 어디에 사세요 ?
   - **A** Où habitez-vous ?
   - **B** Comment vous appelez-vous ?
   - **C** Comment allez-vous ?

3. 할아버지께서 용돈을 주십니다.
   - **A** Je donne l'argent de poche à mon grand-père.
   - **B** Mon grand-père me donne l'argent de poche.
   - **C** Mon grand-père m'offre un cadeau.

4. 할아버지께 선물을 드립니다.
   - **A** Mon grand-père me donne un cadeau.
   - **B** J'aime bien le cadeau de mon grand-père.
   - **C** J'offre un cadeau à mon grand-père.

5. 몇 분이세요 ?
   - **A** Combien de personnes êtes-vous ?
   - **B** Quelle heure est-il ?
   - **C** Où habitez-vous ?

## Module 12
기초 GITCHÔ

Corrigé page 115

6. 어머니께서 선생님이십니다.
   - A C'est ma mère.
   - B Ma mère est professeur.
   - C Ma mère est professeure de coréen.

### Focus  Choisir la forme honorifique

*Complétez la phrase.*

1. 제 동생 ___ 쥬니입니다, Le prénom de mon petit frère est Juni.
   - A 이름은   B 분은   C 성함은   D 생신은

2. 아버지 ___ 다비드이십니다, Le prénom de mon père est David.
   - A 나이는   B 연세는   C 성함은   D 직업은

3. 할머니께 ___, J'appelle ma grand-mère.
   - A 전화드려요   B 전화하세요   C 전화해   D 전화하다

4. 할머니___ 댁에 계십니다, Ma grand-mère est à la maison.
   - A 께   B 께서   C 를   D 이

5. 할머니___ 사랑해요, J'aime ma grand-mère.
   - A 께   B 께서   C 께서는   D 를

**Note** Certaines réponses aux exercices de ce module se trouvent dans cette liste de vocabulaire à droite ; essayez de jouer le jeu et faites les exercices avant de la consulter :)

# Module 12
단어 DANO

## Noms

| | | |
|---|---|---|
| 할아버지 | halabodji | *grand-père* |
| 할머니 | halmoni | *grand-mère* |
| 용돈 | yôngdôn | *argent de poche* |
| 어머니 | omoni | *mère* |
| 아버지 | abodji | *père* |
| 연세 | yonsé | *âge* (forme honorifique) |
| 나이 | na'i | *âge* |
| 식사/진지 | sigsa/djinji | *repas* (forme honorifique) |
| 밥 | bab | *repas* |
| 댁 | dèg | *maison* (forme honorifique) |
| 집 | djib | *maison* |
| 말씀 | malsseum | *parole* (forme honorifique) |
| 말 | mal | *parole* |
| 생신 | sèngsin | *anniversaire* (forme honorifique) |
| 생일 | sèng'il | *anniversaire* |
| 성함 | songham | *nom* (forme honorifique) |
| 이름 | ileum | *nom* |
| 분 | boun | *personne* (forme honorifique) |
| 사람 | salam | *personne* |

## Particules

| | |
|---|---|
| 께서는 | particule de thème (forme honorifique) |
| 께서 | particule de sujet (forme honorifique) |
| 께 | particule de COI (forme honorifique) |

## Module 12
단어 DANO

### Verbes

| | | |
|---|---|---|
| 데려오다 | délyoô-da | *amener (quelqu'un)* |
| 축하하다 | tchoughaha-da | *féliciter* |
| 인사하다 | insaha-da | *saluer, dire bonjour* |
| 주무시다 | djoumousi-da | *dormir* (forme honorifique) |
| 드시다 | deusi-da | *manger, boire* (forme honorifique) |
| 말씀하시다 | malsseumhasi-da | *parler* (forme honorifique) |
| 잡수시다 | djabsousi-da | *manger* (forme honorifique) |
| 뵈다 | bwé-da | *(se) voir, rencontrer* (forme honorifique) |
| 모셔 오다 | môsyo ô-da | *amener* (forme honorifique) |
| 계시다 | gyési-da | *rester* (forme honorifique) |
| 축하드리다 | tchoughadeuli-da | *féliciter* (forme honorifique) |
| 드리다 | deuli-da | *donner* (forme honorifique) |
| 여쭈다 | yotsou-da | *demander, interroger* (forme honorifique) |
| 말씀드리다 | malsseumdeuli-da | *parler* (forme honorifique) |
| 전화드리다 | djonhwadeuli-da | *téléphoner* (forme honorifique) |
| 인사드리다 | insadeuli-da | *saluer, dire bonjour* (forme honorifique) |

# Module 12
## CORRIGÉ

## 기초 gitchô

**PAGE 106**
La forme honorifique : les verbes réguliers
1 **C** 2 **B** 3 **B** 4 **C** 5 **A** 6 **B** 7 **B**

**PAGES 106-107**
La forme honorifique : les verbes irréguliers
1 **B** 2 **A** 3 **B** 4 **C** 5 **B** 6 **A**

**PAGES 107-108**
La forme honorifique : les verbes particuliers
1 **A** 2 **B** 3 **B** 4 **C** 5 **A**
1 **A** 2 **B** 3 **A** 4 **B**

**PAGE 108**
La forme honorifique et le COI
1 **B** 2 **B** 3 **A** 4 **B** 5 **B**

**PAGE 109**
La forme honorifique conjuguée
1 **A** 2 **C** 3 **A** 4 **C** 5 **C** 6 **C**

**PAGE 110**
La forme honorifique : les noms
1 **C** 2 **C** 3 **B** 4 **C** 5 **A** 6 **A** 7 **C** 8 **A** 9 **C**

**PAGES 110-111**
La forme honorifique : les particules
1 **B** 2 **C** 3 **A**

**PAGES 111-112**
Exercice de traduction
1 **B** 2 **A** 3 **B** 4 **C** 5 **A** 6 **B**

**PAGE 112**
Choisir la forme honorifique
1 **A** 2 **C** 3 **A** 4 **B** 5 **D**

---

**Vous avez obtenu entre 0 et 14 ?** Reprenez chaque question en regardant les endroits où vous avez fait des erreurs.
**Vous avez obtenu entre 15 et 30 ?** C'est très moyen, mais ne vous découragez pas.
**Vous avez obtenu entre 31 et 46 ?** Formidable ! Analysez les erreurs et, si besoin, révisez la ou les notions que vous ne maîtrisez pas complètement.
**Vous avez obtenu 47 et plus ?** 참 잘했어요 ! tcham djalhèssoyô

# Module 13
기초 GITCHÔ

## Focus — Le passé : verbes réguliers

*Sélectionnez la forme à l'infinitif des verbes au passé.*

Corrigé page 125

1. 읽다, lire
   - A 읽았다
   - B 읽어요
   - C 읽었다

2. 있다, avoir (quelque chose), rester (quelque part)
   - A 있었다
   - B 있았다
   - C 있어요

3. 많다, avoir beaucoup, être nombreux
   - A 많았다
   - B 많었다
   - C 많습니다

4. 먹다, manger
   - A 먹았다
   - B 먹어요
   - C 먹었다

5. 놓다, poser
   - A 놓았다
   - B 놓었다
   - C 놓아요

6. 넣다, mettre (dans)
   - A 넣았다
   - B 넣었다
   - C 넣어요

**Astuce** Pour former le passé des verbes réguliers, il faut accoler la marque du passé 었 **oss** ou 았 **ass** au radical, puis la terminaison.

## Focus — Le passé : formes contractées

*Sélectionnez la forme à l'infinitif des verbes au passé.*

1. 건드리다, toucher
   - A 건드려요
   - B 건드리었다
   - C 건드렸다

2. 가다, aller
   - A 갔다
   - B 겄다
   - C 가었다

3. 던지다, lancer (une balle)
   - A 던지었다
   - B 던졌다
   - C 던잤다

# Module 13
기초 GITCHÔ

4. 오다, venir

   **A** 왔다   **B** 욨다   **C** 웠다

5. 보내다, envoyer

   **A** 보내었다   **B** 보났다   **C** 보냈다

6. 치다, frapper

   **A** 찼다   **B** 쳤다   **C** 치았다

## Focus — Le passé : verbes irréguliers

*Sélectionnez la forme à l'infinitif des verbes au passé.*

**Corrigé page 125**

1. 어둡다, être sombre

   **A** 어둡었다   **B** 어두웠다   **C** 어둡았다

2. 덥다, avoir chaud

   **A** 덥았다   **B** 더왔다   **C** 더웠다

3. 슬프다, être triste

   **A** 슬펐다   **B** 슬프었다   **C** 슬프았다

4. 사랑하다, aimer

   **A** 사랑하았다   **B** 사랑했다   **C** 사랑하었다

5. 깨닫다, comprendre, s'apercevoir

   **A** 깨닫았다   **B** 깨달았다   **C** 깨닫었다

6. 누르다, appuyer

   **A** 누르었다   **B** 누르았다   **C** 눌렀다

**Astuce** Pour former le passé des verbes irréguliers, suivez le même schéma de formation que pour les verbes irréguliers au style poli, ex. : 추우 **tchou'ou** (춥다 **tchoubda**, *faire froid*) + 었 **oss** + 다 **da** = 추웠다 **tchouwossda**, *Il faisait froid*.

# Module 13
기초 GITCHÔ

## Focus — Les registres de langue au passé

*Sélectionnez la bonne forme des verbes au passé au style demandé.*

1. 닦다, nettoyer → style ultra formel
   - **A** 닦았다
   - **B** 닦았습니다
   - **C** 닦었습니다

2. 다치다, se blesser → style poli
   - **A** 다치웠어요
   - **B** 다쳤요
   - **C** 다쳤어요

3. 끓이다, bouillir (quelque chose) → style familier
   - **A** 끓였어
   - **B** 끓였어요
   - **C** 끓이어

4. 구경하다, visiter (une ville), assister à (un spectacle) → style poli
   - **A** 구경했어요
   - **B** 구경하었어요
   - **C** 구경해요

5. 깨지다, se casser → style ultra formel
   - **A** 깨지었다
   - **B** 깨졌습니다
   - **C** 깨지었습니다

6. 화내다, se fâcher → style familier
   - **A** 화내었어요
   - **B** 화내았어
   - **C** 화냈어

## Focus — Le présent

*Sélectionnez la forme à l'infinitif des verbes au présent.*

1. 불다, souffler
   - **A** 불는다
   - **B** 불었다
   - **C** 분다

2. 떠들다, bavarder, papoter
   - **A** 떠든다
   - **B** 떠들었다
   - **C** 떠들는다

3. 환영하다, bien accueillir (quelqu'un)
   - **A** 환영하는다
   - **B** 환영한다
   - **C** 환영합니다

4. 짓다, bâtir
   - **A** 진다
   - **B** 짓은다
   - **C** 짓는다

5. 꺼내다, sortir (quelque chose)
   - **A** 꺼낸다
   - **B** 꺼내는다
   - **C** 꺼냅니다

**Module 13**
기초 GITCHÔ

6. 뛰다, sauter, courir
   - **A** 뜁니다
   - **B** 뛰는다
   - **C** 뛴다

**Astuce** Pour formuler une action en cours au présent, il faut accoler au verbe la marque du présent 는 **neun** / ㄴ **n** au radical. Un radical se terminant par la consonne ㄹ **l** perd cette dernière lorsqu'on fait suivre la marque, ex. : 써 **sso** (썰다 **ssolda**, *couper en tranches*) + ㄴ **n** + 다 **da** = 썬다 **ssonda**, *Je tranche*.

## Focus  Le futur

*Sélectionnez la forme à l'infinitif des verbes au futur.*

Corrigé page 125

1. 외출하다, sortir, faire un tour dehors
   - **A** 외출하겠다
   - **B** 외출했다
   - **C** 외출합니다

2. 입원하다, entrer à l'hôpital
   - **A** 입원했다
   - **B** 입원하겠다
   - **C** 입원합니다

3. 지키다, protéger
   - **A** 지키겠다
   - **B** 지켰다
   - **C** 지켰습니다

4. 타다, prendre (moyen de transport)
   - **A** 탔다
   - **B** 탑니다
   - **C** 타겠다

5. 켜다, allumer
   - **A** 켰다
   - **B** 켰습니다
   - **C** 켜겠다

6. 끄다, éteindre
   - **A** 끕니다
   - **B** 끄겠다
   - **C** 껐다

## Focus  Les registres de langue au futur

*Sélectionnez la bonne forme des verbes au futur au style demandé.*

1. 빌리다, emprunter → style poli
   - **A** 빌리겠어
   - **B** 빌리겠다
   - **C** 빌리겠어요

# Module 13
기초 GITCHÔ

2. 신청하다, demander (visa, passeport) → style familier
   - **A** 신청하겠어
   - **B** 신청하겠어요
   - **C** 신청해요

3. 빌려주다, prêter → style ultra formel
   - **A** 빌려줍니다
   - **B** 빌려주겠습니다
   - **C** 빌려줬어요

4. 버리다, jeter → style familier
   - **A** 버리겠어
   - **B** 버리겠습니다
   - **C** 버리겠어요

5. 부르다, appeler → style poli
   - **A** 부르겠습니다
   - **B** 부르겠어
   - **C** 부르겠어요

## Focus  Les verbes à l'infinitif

*Corrigé page 125*

*Retrouvez la forme à l'infinitif de chaque verbe conjugué souligné.*

1. 이메일을 <u>보냈어요</u>, J'ai envoyé un e-mail.
   - **A** 보낸다
   - **B** 보내다

2. <u>결혼했어요</u>, Je me suis marié.
   - **A** 결혼한다
   - **B** 결혼하다

3. 컴퓨터를 <u>켠다</u>, (Maintenant), j'allume l'ordinateur.
   - **A** 켠다
   - **B** 켜다

4. 음악을 <u>끈다</u>, (Maintenant), j'éteins la musique.
   - **A** 끄다
   - **B** 끌다

5. 저녁에 <u>외출하겠어</u>, Je vais sortir ce soir.
   - **A** 외출하겠다
   - **B** 외출하다

6. 언제 집을 <u>짓겠어요</u> ?, Quand allez-vous faire construire la maison ?
   - **A** 짓다
   - **B** 짓겠다

**Module 13**
기초 GITCHÔ

## Focus  Les indicateurs temporels

*Complétez la phrase.*

1. \_\_\_ 취소했어요, ... j'ai annulé.
   - **A** 내일
   - **B** 무엇을
   - **C** 벌써

2. \_\_\_ 태어났어요, ... il est né.
   - **A** 작년에
   - **B** 내년에
   - **C** 내일

3. \_\_\_ 출발하겠습니다, ... je vais partir.
   - **A** 어제
   - **B** 벌써
   - **C** 내일

4. \_\_\_ 청소한다, ... je fais le ménage.
   - **A** 작년에
   - **B** 지금
   - **C** 어제

5. \_\_\_ 연락하겠습니다, ... je vais vous contacter.
   - **A** 이따가
   - **B** 어제
   - **C** 벌써

6. \_\_\_ 어디에 있었어 ?, ... où étais-tu ?
   - **A** 내일
   - **B** 내년에
   - **C** 어제

## Focus  Exercice de traduction

*Sélectionnez la bonne traduction.*

Corrigé page 125

1. 무엇을 주문하시겠어요 ?
   - **A** Pourquoi m'avez-vous contacté ?
   - **B** Avez-vous commandé ?
   - **C** Qu'allez-vous commander ?

2. 안녕히 주무셨어요 ?
   - **A** Avez-vous bien dormi ?
   - **B** Bonne nuit.
   - **C** Bonjour !

## Module 13
기초 GITCHÔ

3. 무엇을 드시겠습니까 ?
   - **A** Qu'est-ce que vous avez fait ?
   - **B** Qu'allez-vous prendre ?
   - **C** Avez-vous mangé ?

Corrigé page 125

4. 지금 밖에 바람이 많이 분다.
   - **A** Maintenant, il pleut.
   - **B** Maintenant, il fait froid.
   - **C** Maintenant, il y a beaucoup de vent dehors.

5. 기차가 곧 도착하겠습니다.
   - **A** Le train va bientôt arriver.
   - **B** Le train est arrivé.
   - **C** Le train va partir.

6. 버스가 출발했습니다.
   - **A** Le bus va partir.
   - **B** Le bus est parti.
   - **C** Le bus est arrivé.

**Astuce** Quand on emploie la marque honorifique et la marque du temps simultanément, on place en premier lieu la marque honorifique puis la marque de temps : 주문하 **djoumounha** (주문하다 **djoumounhada**, *commander*) + 시 **si** + 겠 **géss** + 어요 **oyô** = 주문하시겠어요 ? **djoumounhasigéssoyô**, *Allez-vous commander ?*

## Module 13
단어 DANO

### Noms

| | | |
|---|---|---|
| 벌써 | bolsso | *déjà* |
| 작년 | djagnyon | *année dernière* |
| 내년 | nènyon | *année prochaine* |
| 어제 | odjé | *hier* |
| 이따가 | ittaga | *tout à l'heure* |
| 바람 | balam | *vent* |
| 많이 | manhi | *beaucoup* |
| 밖 | bakk | *dehors* |

### Verbes

| | | |
|---|---|---|
| 놓다 | nôh-da | *poser* |
| 넣다 | noh-da | *mettre (dans)* |
| 건드리다 | gondeuli-da | *toucher* |
| 던지다 | dondji-da | *lancer* (une balle) |
| 어둡다 | odoub-da | *être sombre* |
| 사랑하다 | salangha-da | *aimer* |
| 닦다 | dagg-da | *nettoyer* |
| 다치다 | datchi-da | *se blesser* |
| 끓이다 | kkeulhi-da | *bouillir* |
| 구경하다 | gougyongha-da | *visiter* (une ville) |
| 깨지다 | kkèdji-da | *se casser* |
| 화내다 | hwanè-da | *se fâcher* |
| 떠들다 | ttodeul-da | *bavarder*, *papoter* |
| 환영하다 | hwanyongha-da | *bien accueillir* (quelqu'un) |
| 짓다 | djis-da | *bâtir* |

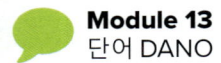

## Module 13
### 단어 DANO

| | | |
|---|---|---|
| 꺼내다 | kkonè-da | *sortir* (quelque chose) |
| 뛰다 | ttwi-da | *sauter, courir* |
| 썰다 | ssol-da | *trancher* |
| 외출하다 | wétchoulha-da | *sortir, faire un tour dehors* |
| 입원하다 | ibwonha-da | *entrer à l'hôpital* |
| 지키다 | djik$^h$i-da | *protéger* |
| 켜다 | k$^h$o-da | *allumer* |
| 끄다 | kkeu-da | *éteindre* |
| 빌리다 | billi-da | *emprunter* |
| 빌려주다 | billyodjou-da | *prêter* |
| 버리다 | boli-da | *jeter* |
| 부르다 | bouleu-da | *appeler* |
| 취소하다 | tchwisôha-da | *annuler* |
| 태어나다 | t$^h$èona-da | *naître* |
| 청소하다 | tchongsôha-da | *faire le ménage* |
| 연락하다 | yonlagha-da | *contacter* |

## Module 13
CORRIGÉ

## 기초 gitchô

**PAGE 116**
Le passé : verbes réguliers
1 **C** 2 **A** 3 **A** 4 **C** 5 **A** 6 **B**

**PAGES 116-117**
Le passé : formes contractées
1 **C** 2 **A** 3 **B** 4 **A** 5 **C** 6 **B**

**PAGE 117**
Le passé : verbes irréguliers
1 **B** 2 **C** 3 **A** 4 **B** 5 **B** 6 **C**

**PAGE 118**
Les registres de langue au passé
1 **B** 2 **C** 3 **A** 4 **A** 5 **B** 6 **C**

**PAGES 118-119**
Le présent
1 **C** 2 **A** 3 **B** 4 **C** 5 **A** 6 **C**

**PAGE 119**
Le futur
1 **A** 2 **B** 3 **A** 4 **C** 5 **C** 6 **B**

**PAGES 119-120**
Les registres de langue au futur
1 **C** 2 **A** 3 **B** 4 **A** 5 **C**

**PAGE 120**
Les verbes à l'infinitif
1 **B** 2 **B** 3 **B** 4 **A** 5 **B** 6 **A**

**PAGE 121**
Les indicateurs temporels
1 **C** 2 **A** 3 **C** 4 **B** 5 **A** 6 **C**

**PAGES 121-122**
Exercice de traduction
1 **C** 2 **A** 3 **B** 4 **C** 5 **A** 6 **B**

---

**Vous avez obtenu entre 0 et 15 ?** Reprenez chaque question en regardant les endroits où vous avez fait des erreurs.

**Vous avez obtenu entre 16 et 31 ?** C'est très moyen, mais ne vous découragez pas.

**Vous avez obtenu entre 32 et 47 ?** Formidable ! Analysez les erreurs et, si besoin, révisez la ou les notions que vous ne maîtrisez pas complètement.

**Vous avez obtenu 48 et plus ?** 참 잘했어요 ! tcham djalhèssoyô

## Module 14
기초 GITCHÔ

### Focus  Le verbe auxiliaire 고 싶다, « vouloir »

*Corrigé page 133*

*Choisissez la forme correcte.*

1. 초콜릿을 먹다, manger du chocolat + 고 싶다, vouloir
   - **A** 초콜릿을 먹고 싶다
   - **B** 초콜렛 먹다 싶다

2. 결혼하다, se marier + 고 싶다, vouloir
   - **A** 결혼하다고 싶다
   - **B** 결혼하고 싶다

3. 한국에 가다, aller en Corée + 고 싶다, vouloir
   - **A** 한국에 가다고 싶다
   - **B** 한국에 가고 싶다

4. 걷다, marcher + 고 싶다, vouloir
   - **A** 걷고 싶다
   - **B** 걷다 싶다

5. 신발을 사다, acheter les chaussures + 고 싶다, vouloir
   - **A** 신발을 사고 싶다
   - **B** 신발 사다 싶다

### Focus  Exercice de traduction

*Choisissez la bonne traduction.*

1. Je veux habiter en Corée.
   - **A** 한국 싶어요.
   - **B** 한국에서 살아요.
   - **C** 한국에서 살고 싶어요.

2. Veux-tu t'asseoir ?
   - **A** 앉아요 ?
   - **B** 앉고 싶어 ?
   - **C** 앉을 수 있어요 ?

3. Voulez-vous boire un café ?
   - **A** 커피를 마셔요 ?
   - **B** 커피 드시고 싶으세요 ?
   - **C** 커피가 얼마예요 ?

**Module 14**
기초 GITCHÔ

4. Qu'est-ce que vous voulez savoir ?

   **A** 무엇을 알고 싶으십니까?

   **B** 누구를 알고 싶어요?

   **C** 무엇을 알아요?

5. Ma maman me manque. (litt. « je veux voir ma mère »)

   **A** 엄마를 사랑해요.

   **B** 친구를 만나고 싶어요.

   **C** 엄마가 보고 싶어요.

## Focus Le verbe auxiliaire 을/ㄹ 수 있다, « pouvoir »

*Choisissez la forme correcte.*

Corrigé page 133

1. 수영하다, nager + 을/ㄹ 수 있다, pouvoir

   **A** 수영할 수 있다   **B** 수영하다 있다

2. 일하다, travailler + 을/ㄹ 수 있다, pouvoir

   **A** 일하을 수 있다   **B** 일할 수 있다

3. 김치를 먹다, manger du kimchi + 을/ㄹ 수 있다, pouvoir

   **A** 김치를 먹을 수 있다   **B** 김치를 할 수 있다

4. 걷다, marcher + 을/ㄹ 수 있다, pouvoir

   **A** 걷다 수 있다   **B** 걸을 수 있다

5. 하다, faire + 을/ㄹ 수 있다, pouvoir

   **A** 할 수 있다   **B** 하다을 수 있다

**Astuce** Si le radical d'un verbe se termine par ㄷ **d** ou ㅂ **b**, il s'agit alors d'un verbe irrégulier, ex. : 걸 **gol** (걷다 **godda**, *marcher*) + 을 수 있다 **eul sou issda**, *pouvoir* = 걸을 수 있다 **goleul sou issda**, *pouvoir marcher* ; 무거우 **mougo'ou** (무겁다 **mougobda**, *être lourd*) + 을 수 있다 **eul sou issda**, *pouvoir* = 무거울 수 있다 **mougo'oul sou issda**, *pouvoir être lourd*.

## Module 14
기초 GITCHÔ

### Focus  Le verbe auxiliaire 을/ㄹ 수 없다, « ne pas pouvoir »

*Choisissez la forme correcte.*

*Corrigé page 133*

1. ne pas pouvoir dormir
   - **A** 잘 수 없다
   - **B** 잘 수 있다 아니다

2. ne pas pouvoir conduire
   - **A** 운전 안 하다
   - **B** 운전할 수 없다

3. ne pas pouvoir écouter la radio
   - **A** 라디오를 들을 수 없다
   - **B** 라디오를 안 듣다

4. ne pas pouvoir connaître
   - **A** 알다 아니다
   - **B** 알 수 없다

5. ne pas pouvoir aimer
   - **A** 사랑합니다
   - **B** 사랑할 수 없다

### Focus  Le verbe auxiliaire 어/아 보다, « essayer de »

*Choisissez la forme correcte.*

1. 옷을 입다, s'habiller + 어/아 보다, essayer de
   - **A** 옷을 입다 보다
   - **B** 옷을 입어 보다

2. 신발을 신다, mettre les chaussures + 어/아 보다, essayer de
   - **A** 신발을 신어 보다
   - **B** 신발을 신습니다

3. 모자를 쓰다, mettre un chapeau + 어/아 보다, essayer de
   - **A** 모자를 써 보다
   - **B** 모자를 쓰다 보다

4. 양말을 벗다, ôter les chaussettes + 어/아 보다, essayer de
   - **A** 양말을 벗어아 보다
   - **B** 양말을 벗어 보다

5. 전화하다, téléphoner + 어/아 보다, essayer de
   - **A** 전화해 보다
   - **B** 전화하다 보다

# Module 14
## 기초 GITCHÔ

**Focus** Le verbe auxiliaire 어/아 주다, « faire quelque chose pour quelqu'un »

*Choisissez dans quel cas on peut employer la forme donnée.*

1. 사다, acheter + 어/아 주다 = 사 주다

   **A** J'achète un cadeau pour lui.   **B** Je m'achète une robe.

2. 문을 열다, ouvrir la porte + 어/아 주다 = 문을 열어 주다

   **A** Je vous ouvre la porte.   **B** J'ouvre la porte.

3. 요리하다, cuisiner + 어/아 주다 = 요리해 주다

   **A** Je ne cuisine pas ce soir.   **B** Je cuisine pour maman.

4. 창문을 닫다, fermer la fenêtre + 어/아 주다 = 창문을 닫아 주다

   **A** Fermez la fenêtre, s'il vous plaît.   **B** Je ferme la fenêtre car j'ai froid.

5. 천천히 말하다, parler doucement + 어/아 주다 = 천천히 말해 주다

   **A** Parlez-moi doucement, s'il vous plaît.   **B** Je parle doucement car j'ai mal à la gorge.

*Pour chaque proposition, choisissez la demande adaptée.*

*Corrigé page 133*

1. 추워요, J'ai froid.

   **A** 천천히 말해 주세요.   **B** 창문을 닫아 주세요.

2. 갖고 싶어요, Je veux l'avoir.

   **A** 사 주세요.   **B** 천천히 말해 주세요.

3. 배고파요, J'ai faim.

   **A** 문을 열어 주세요.   **B** 요리해 주세요.

4. 뭐라고요 ?, Pardon ?

   **A** 천천히 말해 주세요.   **B** 요리 해 주세요.

5. 더워요, J'ai chaud.

   **A** 요리 해 주세요.   **B** 문을 열어 주세요.

## Module 14
## 기초 GITCHÔ

**Focus** **Exercices de traduction**

*Choisissez la bonne traduction.*

1. 선물을 사요.
   - **A** J'achète un cadeau.
   - **B** Je te l'achète.
   - **C** J'achète un cadeau de Noël pour mes enfants.
   - **D** Je ne l'achète pas.

2. 친구에게 선물을 사 줘요.
   - **A** Un ami m'achète un cadeau.
   - **B** C'est un cadeau pour lui.
   - **C** Je m'achète un cadeau.
   - **D** J'achète un cadeau pour un ami.

3. 친구가 선물을 사 줬어요.
   - **A** J'ai acheté un cadeau pour lui.
   - **B** Je m'achète un cadeau.
   - **C** Un ami m'a offert un cadeau.
   - **D** J'offre des cadeaux à mes amis.

4. 언제 선물을 사 줘 ?
   - **A** Veux-tu un cadeau ?
   - **B** Quand est-ce que tu m'achètes un cadeau ?
   - **C** Quel cadeau veux-tu ?
   - **D** Est-ce un cadeau d'anniversaire ?

*Choisissez la bonne traduction.*

1. 술을 마시다, boire de l'alcool + 지 않다 = 술을 마시지 않다
   - **A** ne pas boire d'alcool
   - **B** ne pas pouvoir boire d'alcool

2. 목욕하다, prendre un bain + 고 있다 = 목욕하고 있다
   - **A** ne pas prendre de bain
   - **B** être en train de prendre un bain

3. 이를 닦다, se brosser les dents + 는 중이다 = 이를 닦는 중이다
   - **A** être en train de se brosser les dents
   - **B** ne pas pouvoir se brosser les dents

4. 공부하다, étudier + 을/ㄹ 것이다 = 공부 할 것이다
   - **A** aller étudier
   - **B** avoir étudié

Corrigé page 133

**Module 14**
기초 GITCHÔ

5. 잠을 자다, dormir + 고 있다 + 지 않다 = 잠을 자고 있지 않다

   **A** ne pas être en train de dormir    **B** ne pas vouloir dormir

6. 먹다, manger + 고 싶다 + 지 않다 = 먹고 싶지 않다

   **A** pouvoir manger    **B** ne pas vouloir manger

### Focus  Formation des verbes selon le registre de langue

*Choisissez la forme correcte.*

**Corrigé page 133**

1. 술을 마시다 + 지 않다 + 았 + 어요 = Je n'ai pas bu d'alcool.

   **A** 술을 마시다 지 않았다 았어요.    **B** 술을 마시지 않았어요.

2. 목욕하다 + 고 있다 + 지 않다 + 아요 =
   Je ne suis pas en train de prendre une douche.

   **A** 목욕하고 있지 않아요.    **B** 목욕하지 않았어요.

3. 이를 닦다 + 는 중이다 + 었 + 습니다 =
   J'étais en train de me brosser les dents.

   **A** 이를 닦는 중이었습니다.    **B** 이를 닦다는 중입니다.

4. 공부하다 + 을/ㄹ 것이다 + 어요 = Je vais étudier.

   **A** 공부할 거예요.    **B** 공부하다을 것이다 어요.

5. 잠을 자다 + 고 있다 + 지 않다 + 았 + 어요 =
   Je n'étais pas en train de dormir.

   **A** 잠을 자고 있지 않았어요.    **B** 잠을 자지 않았어요.

6. 먹다 + 고 싶다 + 지 않다 + 았 + 어 = Je n'avais pas envie de manger.

   **A** 먹고 싶었어.    **B** 먹고 싶지 않았어.

# Module 14
단어 DANO

## Noms

| | |
|---|---|
| 초콜릿 tchôkʰôlis | *chocolat* |
| 커피 kʰopʰi | *café* (boisson) |
| 모자 môdja | *chapeau* |
| 양말 yangmal | *chaussettes* |
| 문 moun | *porte* |
| 창문 tchangmoun | *fenêtre* |

## Interrogatif

| | |
|---|---|
| 언제 ondjé | *quand* |

## Adverbe

| | |
|---|---|
| 천천히 tchontchonhi | *doucement, lentement* |

## Verbes

| | |
|---|---|
| 앉다 andj-da | *s'asseoir* |
| 하다 ha-da | *faire* |
| 운전하다 oundjonha-da | *conduire* |
| 입다 ib-da | *porter* (vêtement), *s'habiller* |
| 신다 sin-da | *mettre* (chaussures) |
| 쓰다 sseu-da | *mettre* (chapeau) |
| 벗다 bos-da | *ôter, enlever* (vêtement) |
| 열다 yol-da | *ouvrir* |
| 요리하다 yôliha-da | *cuisiner* |
| 갖다 gadj-da | *avoir, posséder* |
| 배고프다 bègôpʰeu-da | *avoir faim* |
| 목욕하다 môgyôgha-da | *prendre un bain* |
| 이를 닦다 ileul dakk-da | *se brosser les dents* |

**Module 14**
CORRIGÉ

## 기초 gitchô

VOTRE SCORE :

**PAGE 126**
Le verbe auxiliaire 고 싶다, *vouloir*
1 **A**   2 **B**   3 **B**   4 **A**   5 **A**

**PAGES 126-127**
Exercice de traduction
1 **C**   2 **B**   3 **B**   4 **A**   5 **C**

**PAGE 127**
Le verbe auxiliaire 을/ㄹ 수 있다, *pouvoir*
1 **A**   2 **B**   3 **A**   4 **B**   5 **A**

**PAGE 128**
Le verbe auxiliaire 을/ㄹ 수 없다, *ne pas pouvoir*
1 **A**   2 **A**   3 **A**   4 **B**   5 **B**

Le verbe auxiliaire 어/아 보다, *essayer de*
1 **B**   2 **A**   3 **A**   4 **B**   5 **A**

**PAGE 129**
Le verbe auxiliaire 어/아 주다, *faire quelque chose pour quelqu'un*
1 **A**   2 **A**   3 **B**   4 **A**   5 **A**
1 **B**   2 **A**   3 **B**   4 **A**   5 **B**

**PAGES 130-131**
Exercices de traduction
1 **A**   2 **D**   3 **C**   4 **B**
1 **A**   2 **B**   3 **A**   4 **A**   5 **A**   6 **B**

**PAGE 131**
Formation des verbes selon le registre de langue
1 **B**   2 **A**   3 **A**   4 **A**   5 **A**   6 **B**

---

**Vous avez obtenu entre 0 et 13 ?** Reprenez chaque question en regardant les endroits où vous avez fait des erreurs.
**Vous avez obtenu entre 14 et 30 ?** C'est très moyen, mais ne vous découragez pas.
**Vous avez obtenu entre 31 et 44 ?** Formidable ! Analysez les erreurs et, si besoin, révisez la ou les notions que vous ne maîtrisez pas complètement.
**Vous avez obtenu 45 et plus ?** 참 잘했어요 ! tcham djalhèssoyô

# Module 15
## 기초 GITCHÔ

**Focus** Les connecteurs 고, « et », et 지만, « mais »

Corrigé page 144

*Reliez les deux propositions soulignées en une seule phrase.*

1. 다니는 <u>딸이다.</u> 그리고 쥬니는 아들이다.
   - **A** ...딸이다고...
   - **B** ...딸이고...
   - **C** ...딸이지만...

2. <u>한국인이다.</u> 하지만 프랑스에 살다.
   - **A** 한국인이고...
   - **B** 한국인이나...
   - **C** 한국인이지만...

3. 날씨가 <u>좋다.</u> 하지만 집에 있다.
   - **A** ...좋고 하지만...
   - **B** ...좋지만...
   - **C** ...좋다하지만...

4. 할머니는 커피를 <u>마시다.</u> 그리고 할아버지는 차를 마시다.
   - **A** ...마시고...
   - **B** ...마시지만...
   - **C** ...마십니다 그리고...

5. 신발이 <u>예쁘다.</u> 하지만 사지 않는다.
   - **A** ...예쁘고...
   - **B** ...예뻐서...
   - **C** ...예쁘지만...

> **Astuce** Les connecteurs 고 **gô**, *et*, et 지만 **djiman**, *mais*, s'accolent au radical d'un verbe sans se préoccuper de sa dernière lettre.

# Module 15
기초 GITCHÔ

## Focus Le connecteur 으나/나, « cependant », « pourtant »

*Sélectionnez les deux propositions combinées à partir de l'énoncé.*

1. 한국어를 <u>하나</u> 한국 사람이 아니다.
   - **A** ...하다. + 그러나...
   - **B** ...하다. + 그리고...

2. <u>여름이나</u> 덥지 않다.
   - **A** 여름이다.+ 하지만...
   - **B** 여름이다. + 그러나 ...

3. 마카롱이 <u>맛있으나</u> 너무 달다.
   - **A** ...맛있다. + 그리고...
   - **B** ...맛있다. +그러나...

4. 책을 <u>읽었으나</u> 이해할 수 없었다.
   - **A** ...읽었다. + 그러나...
   - **B** ...읽었다. + 그래서...

5. <u>사랑했으나</u> 헤어졌다.
   - **A** 사랑했다. + 그리고...
   - **B** 사랑했다. + 그러나...

> **Astuce** S'il y a des marques (temps, honorifique) accolées au radical d'un verbe, le connecteur se place après ces marques.

## Focus Le connecteur 어서/아서, « parce que », « car », « comme »

*À l'aide des éléments soulignés de la traduction, sélectionnez la proposition adaptée afin de compléter la phrase.*

1. ___ 밥을 먹다. J'ai mangé <u>parce que j'ai faim</u>.
   - **A** 배고프고...
   - **B** 배고파서...

2. ___ 물을 마시다. Je bois de l'eau <u>car j'ai soif</u>.
   - **A** 목마르다. 그래서...
   - **B** 목말라서...

3. ___ 외투를 벗다. J'enlève mon manteau <u>car j'ai chaud</u>.
   - **A** 덥아서...
   - **B** 더워서...

## Module 15
기초 GITCHÔ

4. \_\_\_\_ 외투를 입다. Je mets le manteau <u>car j'ai froid</u>.

  **A** 춥다. 그래서...  **B** 춥아서...

5. \_\_\_\_ 옷이 젖다. Je suis mouillé <u>parce que j'étais sous la pluie</u>.

  **A** 비를 맞아서...  **B** 비를 맞으니...

> **Astuce** Les verbes dont le radical se termine par **-eu**, 르 **leu** et ㅂ **b** sont irréguliers.

### Focus Le connecteur 어도/아도, « même si », « bien que »

*Sélectionnez la bonne traduction.*

Corrigé page 144

1. <u>배부르다</u>. 그래도 <u>먹다</u>.

   **A** Même si je mange, j'ai encore faim.

   **B** Je mange même si j'ai le ventre plein.

2. 다리가 아파도 걷다.

   **A** Je marche même si j'ai mal aux jambes.

   **B** Je n'ai pas mal aux jambes même si j'ai beaucoup marché.

3. 가방이 많다. 그래도 또 사다.

   **A** Bien que j'aie beaucoup de sacs, j'en achète encore.

   **B** Je n'ai pas beaucoup de sacs même si j'en achète toujours.

4. 비가 와도 밖에 나가다.

   **A** Je sors même s'il neige.

   **B** Je sors dehors malgré qu'il pleuve.

5. 어둡다. 그래도 불을 켜지 않는다.

   **A** Je n'allume pas même s'il fait sombre.

   **B** J'allume parce qu'il fait sombre.

# Module 15
## 기초 GITCHÔ

### Focus Le connecteur 으면/면, « si »

*Complétez la phrase.*

1. 지금 출발하다. ___ 늦지 않다,
   On part maintenant, alors on n'est pas en retard.
   - **A** 그러면
   - **B** 으면

2. 내일 ___ 늦다, Si on le fait demain, ce sera tard.
   - **A** 하면
   - **B** 면

3. ___ 자다, On dort si on est fatigué.
   - **A** 자면
   - **B** 피곤하면

4. ___ 외투를 벗다, On enlève le manteau si on a chaud.
   - **A** 더우면
   - **B** 피곤하면

5. 모르다. ___ 질문하다, On ignore, alors on pose des questions.
   - **A** 모르고
   - **B** 그러면

6. 많이 ___ 발이 아프다, Si on marche beaucoup, on a mal aux pieds.
   - **A** ...걷면...
   - **B** ...걸으면...

**Astuce** Lorsque le radical d'un verbe se termine par la consonne ㄷ **d** ou ㅂ **b**, il prend la forme irrégulière, comme pour la conjugaison au style poli.

### Focus Le connecteur 으면서/면서

*Sélectionnez la proposition correspondant à la partie soulignée.*

1. J'écoute de la musique <u>en lisant un livre</u>.
   - **A** 책을 읽으면서
   - **B** 그러면서

2. Je regarde la télévision <u>en faisant du sport</u>.
   - **A** 그러면서
   - **B** 운동하면서

## Module 15
기초 GITCHÔ

3. Je cuisine <u>en téléphonant</u>.
   - **A** 전화하면서
   - **B** 그러면서

4. Je parle <u>en dormant</u>.
   - **A** 자면서
   - **B** 그러면서

5. Le kimchi est délicieux <u>mais en même temps c'est pimenté</u>.
   - **A** 매우면서
   - **B** 그러면서

> **Astuce** Lorsque le radical d'un verbe se termine par la consonne ㄷ **d** ou ㅂ **b**, le radical prend la forme irrégulière comme la conjugaison au style poli.

### Focus  Le connecteur 은/는/ㄴ데, « mais »

*Choisissez la proposition identique à la partie soulignée.*

1. 밥을 <u>먹었다</u>. 그런데 배고프다.
   - **A** 먹다은데
   - **B** 먹었는데

2. <u>운동하다</u>. 그런데 <u>살이 빠지지 않는다</u>.
   - **A** 운동하는데
   - **B** 운동해서

3. <u>사랑하다</u>. 그런데 자주 싸우다.
   - **A** 사랑한데
   - **B** 사랑하는데

4. <u>바쁘다</u>. 그런데 자주 만나다.
   - **A** 바쁜데
   - **B** 바빠서

5. <u>밝다</u>. 그런데 안 보이다.
   - **A** 밝는데
   - **B** 밝은데

> **Astuce** Dans le cas d'un verbe d'action, il faut accoler le suffixe 는데 **neundé** ; dans le cas d'un verbe d'état, le suffixe est 은/ㄴ데 **eun/ndé**.

# Module 15
## 기초 GITCHÔ

**Focus** Exercices de traduction

*Sélectionnez la bonne traduction.*

**Corrigé page 144**

1. 비가 와서 집에 있었어요.

   **A** Comme j'étais sous la pluie, je suis tout mouillé.

   **C** Comme il pleuvait, je suis resté à la maison.

   **B** Il a plu parce que j'étais à la maison.

   **D** Quand il pleut, je reste à la maison.

2. 너무 비싸서 살 수 없었어요.

   **A** Je ne pouvais pas l'acheter car c'était trop cher.

   **C** Je veux l'acheter car ce n'est vraiment pas cher.

   **B** Même si c'est cher, je peux l'acheter.

   **D** C'est cher mais j'achète.

3. 운전하면서 전화할 수 없습니다.

   **A** Je conduis mais je ne téléphone pas.

   **C** Je peux téléphoner en conduisant.

   **B** Je téléphone car je ne conduis pas.

   **D** On ne peut pas téléphoner en conduisant.

4. 슬퍼도 울지 않겠어요.

   **A** Je ne pleurerai pas même si je suis triste.

   **C** Je suis triste alors je pleure.

   **B** Je ne suis pas triste mais je pleure.

   **D** Je suis triste alors je ne pleure pas.

5. 내일 오시면 만날 수 있어요.

   **A** Demain, ce sera trop tard.

   **C** Vous pouvez venir demain mais vous ne pourrez pas le voir.

   **B** Vous venez demain matin pour le voir.

   **D** Vous pourrez le rencontrer si vous venez demain.

## Module 15
기초 GITCHÔ

*Sélectionnez la bonne traduction.*

1. Je fais du sport en écoutant de la musique.
   - **A** 음악을 듣고 공부해요.
   - **B** 음악을 듣지만 운동해요.
   - **C** 음악을 들으면서 운동해요
   - **D** 음악을 들어요. 그러나 공부해요.

2. Je pouvais en acheter beaucoup car ce n'était pas cher.
   - **A** 싸서 많이 살 수 있었어요.
   - **B** 비싸서 살 수 없었어요.
   - **C** 싸지만 많이 살 수 없었어요.
   - **D** 싸고 좋아요.

3. J'ai faim et j'ai soif.
   - **A** 배고파서 물을 마셔요.
   - **B** 배고프면 물을 마셔요.
   - **C** 배고프지만 목말라요.
   - **D** 배고프고 목말라요.

4. J'ai faim mais je ne veux pas manger
   - **A** 배고픈데 먹고 싶지 않아요.
   - **B** 배고파서 먹지 않아요.
   - **C** 배불러서 먹고 싶지 않아요.
   - **D** 배고프고 목말라요.

5. J'ai ouvert la fenêtre car il fait chaud.
   - **A** 더우면 창문을 여세요.
   - **B** 창문을 열어서 더워요.
   - **C** 더워서 창문을 닫았어요.
   - **D** 더워서 창문을 열었어요.

### Focus  Enchaînement logique

*Sélectionnez la suite logique.*

Corrigé page 144

1. 물을 마시고 싶지만 ___.
   - **A** 마셔요.
   - **B** 물을 마셨어요.
   - **C** 물을 마시고 싶어요.
   - **D** 안 마셔요.

2. 운전할 수 있었지만 ___.
   - **A** 안 했어요.
   - **B** 전화하고 싶었어요.
   - **C** 운전했어요.
   - **D** 물을 마셨어요.

**Module 15**
기초 GITCHÔ

3. 전화하고 싶었지만 ___.
   - **A** 전화하고 싶지 않았어요.
   - **B** 전화해요.
   - **C** 안 했어요.
   - **D** 전화할 수 있었어요.

4. 피곤해서 ___.
   - **A** 잤어요.
   - **B** 자고 싶지 않았어요.
   - **C** 안 자요.
   - **D** 피곤했어요.

5. 시간이 없으면 ___.
   - **A** 시간이 있어요.
   - **B** 내일 만나요.
   - **C** 시간이 있었어요.
   - **D** 만날 수 있어요.

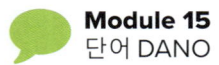

**Module 15**
단어 DANO

### Noms

| | |
|---|---|
| 차 tcha | *thé* |
| 여름 yoleum | *été* |
| 마카롱 makʰalông | *macaron* |
| 밥 bab | *repas* |
| 물 moul | *eau* |
| 외투 wétʰou | *manteau* |
| 불 boul | *lumière* |
| 발 bal | *pied* |
| 텔레비전 tʰélébidjon | *télévision* |

### Conjonctions, adverbes

| | |
|---|---|
| 그리고 geuligô | *et* |
| 하지만 hadjiman | *mais* |
| 그러나 geulona | *mais, cependant* |
| 너무 nomou | *trop* |
| 그래서 geulèso | *alors, donc* |
| 그래도 geulèdô | *malgré cela* |
| 또 ttô | *encore* |
| 그러면 geulomyon | *dans ce cas* |
| 그런데 geulondé | *alors, cependant* |
| 자주 djadjou | *souvent* |

### Verbes

| | |
|---|---|
| 예쁘다 yéppeu-da | *être joli* |
| 이해하다 ihèha-da | *comprendre* |

# Module 15
## 단어 DANO

| | | |
|---|---|---|
| 헤어지다 | héodji-da | *se séparer* (de quelqu'un) |
| 배고프다 | bègôp$^h$eu-da | *avoir faim* |
| 목마르다 | môgmaleu-da | *avoir soif* |
| 비를 맞다 | bileul madj-da | *être sous la pluie* |
| 젖다 | djodj-da | *être mouillé* |
| 배부르다 | bèbouleu-da | *avoir le ventre plein* |
| 아프다 | ap$^h$eu-da | *avoir mal* |
| 비가 오다 | biga ô-da | *pleuvoir* |
| 나가다 | naga-da | *sortir* (extérieur) |
| 어둡다 | odoub-da | *être sombre* |
| 늦다 | neudj-da | *être en retard* |
| 질문하다 | djilmounha-da | *poser des questions* |
| 맵다 | mèb-da | *être pimenté* |
| 살이 빠지다 | sali ppadji-da | *perdre du poids* |
| 밝다 | balg-da | *être clair* |
| 보이다 | bôi-da | *se voir* |
| 비싸다 | bissa-da | *être cher* |
| 울다 | oul-da | *pleurer* |
| 싸다 | ssa-da | *être bon marché* |

# Module 15
CORRIGÉ

## 기초 gitchô

**VOTRE SCORE :**

**PAGE 134**
Les connecteurs 고, *et*, 지만, *mais*
1 **B**  2 **C**  3 **B**  4 **A**  5 **C**

**PAGE 135**
Le connecteur 으나/나, *cependant*, *pourtant*
1 **A**  2 **B**  3 **B**  4 **A**  5 **B**

**PAGES 135-136**
Le connecteur 어서/아서, *parce que*, *car*, *comme*
1 **B**  2 **A**  3 **B**  4 **A**  5 **A**

**PAGE 136**
Le connecteur 어도/아도, *même si*, *bien que*
1 **B**  2 **A**  3 **A**  4 **B**  5 **A**

**PAGE 137**
Le connecteur 으면/면, *si*
1 **A**  2 **A**  3 **B**  4 **A**  5 **B**  6 **B**

**PAGES 137-138**
Le connecteur 으면서/면서
1 **A**  2 **B**  3 **A**  4 **A**  5 **A**

**PAGE 138**
Le connecteur 은/는/ㄴ데, *mais*
1 **B**  2 **A**  3 **B**  4 **A**  5 **B**

**PAGES 139-140**
Exercices de traduction
1 **C**  2 **A**  3 **D**  4 **A**  5 **D**
1 **C**  2 **A**  3 **D**  4 **A**  5 **D**

**PAGES 140-141**
Enchaînement logique
1 **D**  2 **A**  3 **C**  4 **A**  5 **B**

---

**Vous avez obtenu entre 0 et 13 ?** Reprenez chaque question en regardant les endroits où vous avez fait des erreurs.

**Vous avez obtenu entre 14 et 30 ?** C'est très moyen, mais ne vous découragez pas.

**Vous avez obtenu entre 31 et 44 ?** Formidable ! Analysez les erreurs et, si besoin, révisez la ou les notions que vous ne maîtrisez pas complètement.

**Vous avez obtenu 45 et plus ?** 참 잘했어요 ! *tcham djalhèssoyô*

**Module 16**
기초 GITCHÔ

### Focus L'impératif au style ultra formel

*Sélectionnez la forme correspondant à la traduction en français de l'énoncé.*

1. 선생님을 <u>따라가다</u> → Suivez le professeur.
   - **A** 따라가십시오.
   - **B** 따르십시오.

Corrigé page 154

2. 도구를 <u>사용하다</u> → Utilisez un outil.
   - **A** 사용합시다.
   - **B** 사용하십시오.

3. 여기를 <u>밀다</u> → Poussez ici.
   - **A** 미십시오.
   - **B** 밀십시오.

4. 선크림을 <u>바르다</u> → Appliquez de la crème solaire.
   - **A** 바르세요.
   - **B** 바르십시오.

5. 줄을 <u>서다</u> → Faites la queue.
   - **A** 서십시오.
   - **B** 서세요.

> **Astuce** Lorsque le radical d'un verbe se termine par la consonne ㄹ **l**, il perd cette dernière. Il faut ensuite accoler la formule suivante : 십시오 **sibsiô**, ex. : 걷 **go** (걷다 **golda**, *accrocher*) + 십시오 **sibsiô** = 거십시오 **gosibsiô**, *Accrochez*.

### Focus L'impératif au style poli

*Sélectionnez la forme correspondant à la traduction en français de l'énoncé.*

1. 사랑을 <u>선택하다</u> → Choisissez l'amour.
   - **A** 선택하십시오.
   - **B** 선택하세요.

2. 여기에 <u>사인하다</u> → Signez ici.
   - **A** 사인하세요.
   - **B** 사인하십시오.

3. 아프면 <u>쉬다</u> → Si vous êtes malade, reposez-vous.
   - **A** 쉬어.
   - **B** 쉬어요.

4. 지금 <u>신청하다</u> → Inscrivez-vous maintenant.
   - **A** 신청하세요.
   - **B** 신청합시다.

# Module 16
기초 GITCHÔ

Corrigé page 154

5. <u>대답하다</u> ➜ Répondez.
   - **A** 대답해요.
   - **B** 대답하십시오.

6. 문을 <u>열다</u> ➜ Ouvrez-moi la porte.
   - **A** 열으십시오.
   - **B** 여세요.

> **Astuce** Un verbe dont le radical se termine par la consonne ㄹ **l**, perd cette dernière. Ensuite, il faut accoler 세요 **séyô**, ex. : 거 **go** (걸다 **golda**, *accrocher*) + 세요 **séyô** = 거세요 **goséyô**, *Accrochez*.

## Focus L'impératif au style familier

*Sélectionnez la forme correspondant à la traduction en français de l'énoncé.*

1. 얼른 <u>일어나다</u> ➜ Lève-tôt vite !
   - **A** 일어나세요 !
   - **B** 일어나 !

2. 비누로 <u>세수하다</u> ➜ Lave-toi le visage !
   - **A** 세수해요 !
   - **B** 세수해 !

3. 옷을 <u>입다</u> ➜ Habille-toi !
   - **A** 입어 !
   - **B** 입아 !

4. 아침밥을 <u>먹다</u> ➜ Prends ton petit-déjeuner !
   - **A** 먹 !
   - **B** 먹어 !

5. 학교에 <u>가다</u> ➜ Va à l'école !
   - **A** 가 !
   - **B** 가다 !

## Focus L'impératif adouci

*Sélectionnez la forme correspondant à la traduction en français de l'énoncé.*

1. 미리 <u>준비하다</u> ➜ Je vous invite à les préparer à l'avance.
   - **A** 준비합니다.
   - **B** 준비해 주세요.

## Module 16
기초 GITCHÔ

2. 문을 <u>닫다</u> → Je vous prie de fermer la porte.
   - **A** 닫아 주세요.
   - **B** 닫으십시오.

3. <u>정리하다</u> → Merci de les ranger.
   - **A** 정리해 주세요.
   - **B** 정리합니다.

4. 휴지통에 <u>버리다</u> → Je vous prie de les jeter à la poubelle.
   - **A** 버리겠습니다.
   - **B** 버려 주십시오.

5. <u>조사하다</u> → Je vous prie de l'examiner.
   - **A** 조사해 주십시오.
   - **B** 조사하겠습니다.

**Astuce** Les terminaisons 어/아 주세요 **o/a djouséyô** (style poli) ou 어/아 주십시오 **o/a djousibsiô** (style ultra formel) dépeignent un mode impératif adouci.

*Sélectionnez la forme correspondant à la traduction en français de l'énoncé.*

1. 눈을 <u>감다</u> → Pourriez-vous fermez les yeux, s'il vous plaît ?
   - **A** 감아 주시겠습니까 ?
   - **B** 감아 !

   *Corrigé page 154*

2. 눈을 <u>뜨다</u> → Pourriez-vous ouvrir les yeux, s'il vous plaît ?
   - **A** 떠 !
   - **B** 떠 주시겠습니까 ?

3. <u>눕다</u> → Merci de les ranger.
   - **A** 누워 주시겠습니까 ?
   - **B** 누워 ?

4. 머리를 <u>숙이다</u> → Pourriez-vous baissez la tête, s'il vous plaît ?
   - **A** 숙여 주시겠습니까 ?
   - **B** 숙입니까 ?

5. 체중계에 <u>올라가다</u> → Pourriez-vous monter sur la balance, s'il vous plaît ?
   - **A** 올라갑니까 ?
   - **B** 올라가 주시겠습니까 ?

**Astuce** Les terminaisons de la forme interrogative 어/아 주시겠어요 ? **o/a djousigéssoyô** (style poli) ou 어/아 주시겠습니까 ? **o/a djousigéssseubnikka** (style ultra formel) illustrent également un mode impératif adouci.

## Module 16
기초 GITCHÔ

### Focus L'interdiction

*Sélectionnez la traduction correspondant à la phrase en français de l'énoncé.*

1. Ne prenez pas de photo.
   - **A** 사진을 찍으십시오.
   - **B** 사진을 찍지 마세요.

2. Ne jetez pas de déchets.
   - **A** 쓰레기를 버리지 마십시오.
   - **B** 쓰레기를 버려 주세요.

3. N'entrez pas.
   - **A** 들어가지 마십시오.
   - **B** 들어가 주세요.

4. Ne touchez pas.
   - **A** 만지세요.
   - **B** 만지지 마세요.

Corrigé page 154

5. Ne sois pas en retard.
   - **A** 지각하지 마.
   - **B** 지각해.

> **Astuce** Pour formuler une interdiction en *ne… pas*, il existe trois formes selon le registre de langue utilisé : 지 마십시오 **dji masibsiô** (ultra formel) / 마세요 **maséyô** (poli) / 마 **ma** (familier).

*Sélectionnez la traduction correspondant à la phrase en français de l'énoncé.*

1. Il est interdit de se garer ici.
   - **A** 여기에 주차하면 안 됩니다.
   - **B** 여기에 안 주차하세요.

2. Il est interdit de se baigner ici.
   - **A** 여기에서 안 수영해 주세요.
   - **B** 여기에서 수영하면 안 돼요.

3. Il est interdit de fumer.
   - **A** 담배를 피우면 안 돼.
   - **B** 담배를 안 피우세요.

4. Il est interdit de prendre le vélo ici.
   - **A** 여기에서 자전거를 타면 안 됩니다.
   - **B** 여기에서 자전거를 안 타세요.

**Module 16**
기초 GITCHÔ

5. Il est interdit de boire de l'alcool.

   **A** 술을 안 마시세요.   **B** 술을 마시면 안 돼.

> **Astuce** Pour formuler une interdiction de type *Il est interdit de*..., il existe trois formes selon le registre de langue utilisé : 으면/면 안 됩니다 **eumyon/myon an dwébnida** (ultra formel) / 안 돼요 **an dwèyô** (poli) / 안 돼 **andwè** (familier).

*Qu'est-ce qui est interdit ? Sélectionnez la bonne forme.*

Corrigé page 154

1. 전화하면 안 됩니다, Il est interdit de téléphoner.

   **A** 휴대 전화 금지   **B** 수입 금지   **C** 금지

2. 이 물건을 수입하면 안 됩니다, Il est interdit d'importer cet article.

   **A** 전화 금지   **B** 출입 금지   **C** 수입 금지

3. 이 물건을 수출하지 마십시오, N'exportez pas cet article.

   **A** 수출 금지   **B** 금지   **C** 이동 금지

4. 이동하면 안 돼요, Il est interdit de vous déplacer.

   **A** 전화 금지   **B** 이동 금지   **C** 수입 금지

5. 여기서 요리하지 마세요, Ne cuisinez pas ici.

   **A** 수영 금지   **B** 주차 금지   **C** 취사 금지

6. 여기에 주차하지 마세요, Ne vous garez pas ici.

   **A** 주차 금지   **B** 수영 금지   **C** 이동 금지

## Focus  Exercices de traduction

*Choisissez la bonne traduction.*

1. 여기서 주무시면 안 됩니다.

   **A** Vous pouvez dormir ici.   **C** Ne dormez pas maintenant.

   **B** Il est interdit de dormir ici.   **D** N'entrez pas ici.

## Module 16
## 기초 GITCHÔ

2. 밀지 마세요.
   - **A** Ne poussez pas.
   - **B** Je ne le pousse pas.
   - **C** Merci de pousser la porte.
   - **D** Pousse-le !

3. 창문을 열지 마십시오.
   - **A** Voulez-vous que j'ouvre la fenêtre ?
   - **B** J'ouvre la fenêtre pour vous.
   - **C** N'ouvrez pas la fenêtre.
   - **D** Ne fermez pas la porte.

4. 눈을 비비지 마세요.
   - **A** N'ouvrez pas les yeux.
   - **B** Je frotte les yeux de mon fils.
   - **C** Je ne me frotte pas les yeux.
   - **D** Ne vous frottez pas les yeux.

5. 다음에 내리세요.
   - **A** Descendez au prochain.
   - **B** Ne descendez pas maintenant.
   - **C** Je descends au prochain.
   - **D** On descend au prochain.

*Choisissez la bonne traduction.*

1. Ne pleure pas, s'il te plaît.
   - **A** 웃지 마세요.
   - **B** 우세요.
   - **C** 울지 마.

2. Ne venez pas, s'il vous plaît.
   - **A** 오지 마세요.
   - **B** 안 오세요.
   - **C** 못 오세요.

3. Ne partez pas, s'il vous plaît.
   - **A** 가세요.
   - **B** 가지 마세요.
   - **C** 가 주세요.

**Module 16**
단어 DANO

4. Range-les, s'il te plaît.
   - **A** 정리해 !
   - **B** 정리하지 마 !
   - **C** 정리하면 안 됩니다.

5. Appelez-moi demain matin, s'il vous plaît.
   - **A** 오늘 전화하겠습니다.
   - **B** 내일 아침에 전화하지 마세요.
   - **C** 내일 아침에 전화해 주세요.

### Noms

| | | |
|---|---|---|
| 선크림 sonkʰeulim | | *crème solaire* |
| 도구 dôgou | | *outil* |
| 비누 binou | | *savon* |
| 아침밥 atchimbab | | *petit-déjeuner* |
| 눈 noun | | *œil, yeux* |
| 머리 moli | | *tête* |
| 체중계 tchédjoung'gyé | | *pèse-personne* |
| 사진 sadjin | | *photo* |
| 쓰레기 sseulégi | | *déchets* |
| 담배 dambè | | *tabac* |
| 자전거 djadjon'go | | *vélo* |
| 휴대 전화 hyoudè djonhwa | | *téléphone portable* |
| 금지 deumdji | | *interdiction* |
| 수입 sou'ib | | *import* |

**Module 16**
단어 DANO

| | |
|---|---|
| 수출 soutchoul | *export* |
| 주차 djoutcha | *stationnement* |
| 이동 idông | *déplacement* |
| 다음 da'eum | *suivant* |

## Adverbes, particules

| | |
|---|---|
| 미리 mili | *à l'avance* |
| 으로/로 eulô/lô | *avec* |
| 얼른 olleun | *vite* |

## Verbes

| | |
|---|---|
| 따라가다 ttalaga-da | *suivre* |
| 사용하다 sayôngha-da | *utiliser* |
| 밀다 mil-da | *pousser* |
| 바르다 baleu-da | *appliquer* |
| 줄을 서다 djouleul so-da | *faire la queue* |
| 걸다 gol-da | *accrocher* |
| 선택하다 sont$^h$ègha-da | *choisir* |
| 사인하다 sa'inha-da | *signer* |
| 아프다 ap$^h$eu-da | *avoir mal* |
| 쉬다 swi-da | *se reposer* |
| 신청하다 sintchongha-da | *(s')inscrire* |
| 대답하다 dèdabha-da | *répondre* |
| 일어나다 ilona-da | *se lever* |
| 세수하다 sésouha-da | *faire sa toilette* |
| 준비하다 djounbiha-da | *(se) préparer* |
| 정리하다 djongliha-da | *ranger* |

## Module 16
단어 DANO

| | |
|---|---|
| 조사하다 djôsaha-da | *examiner* |
| 눈을 뜨다 nouneul tteu-da | *ouvrir les yeux* |
| 눈을 감다 nouneul gam-da | *fermer les yeux* |
| 눕다 noub-da | *s'allonger* |
| 숙이다 sougi-da | *baisser, incliner* |
| 올라가다 ôllaga-da | *monter (sur)* |
| 사진을 찍다 sadjineul tsig-da | *prendre une photo* |
| 들어가다 deuloga-da | *entrer* |
| 만지다 mandji-da | *toucher* |
| 지각하다 djigagha-da | *être en retard* |
| 담배를 피우다 dambèleul pʰiou-da | *fumer* |
| 수입하다 souibha-da | *importer* |
| 수출하다 soutchoulha-da | *exporter* |
| 이동하다 idôngha-da | *se déplacer* |
| 주무시다 djoumousi-da | *dormir* (forme honorifique) |
| 비비다 bibi-da | *frotter* |
| 내리다 nèli-da | *descendre* |
| 울다 oul-da | *pleurer* |
| 웃다 ous-da | *rire* |
| 가다 ga-da | *partir* |

# Module 16
## CORRIGÉ

## 기초 gitchô

**PAGE 145**
L'impératif au style ultra formel
1 **A**  2 **B**  3 **A**  4 **B**  5 **A**

**PAGES 145-146**
L'impératif au style poli
1 **B**  2 **A**  3 **B**  4 **A**  5 **A**  6 **B**

**PAGE 146**
L'impératif au style familier
1 **B**  2 **B**  3 **A**  4 **B**  5 **A**

**PAGES 146-147**
L'impératif adouci
1 **B**  2 **A**  3 **A**  4 **B**  5 **A**
1 **A**  2 **B**  3 **A**  4 **A**  5 **B**

**PAGES 148-149**
L'interdiction
1 **B**  2 **A**  3 **A**  4 **B**  5 **A**
1 **A**  2 **B**  3 **A**  4 **A**  5 **B**
1 **A**  2 **C**  3 **A**  4 **B**  5 **C**  6 **A**

**PAGES 149-151**
Exercices de traduction
1 **B**  2 **A**  3 **C**  4 **D**  5 **A**
1 **C**  2 **A**  3 **B**  4 **A**  5 **C**

---

**Vous avez obtenu entre 0 et 13 ?** Reprenez chaque question en regardant les endroits où vous avez fait des erreurs.

**Vous avez obtenu entre 14 et 30 ?** C'est très moyen, mais ne vous découragez pas.

**Vous avez obtenu entre 31 et 44 ?** Formidable ! Analysez les erreurs et, si besoin, révisez la ou les notions que vous ne maîtrisez pas complètement.

**Vous avez obtenu 45 et plus ?** 참 잘했어요 ! tcham djalhèssoyô

# Module 17
기초 GITCHÔ

## Focus  L'obligation

*Sélectionnez la forme correspondant à la phrase en français de l'énoncé.*

1. 선생님을 <u>따라가다</u> → Il faut suivre le professeur.
   - **A** 따라가고 싶습니다.
   - **B** 따라가야 합니다.

2. 도구를 <u>사용하다</u> → Il faut utiliser un outil.
   - **A** 사용하십니다.
   - **B** 사용해야 해요.

3. 여기를 <u>밀다</u> → Il faut pousser ici.
   - **A** 밀어요.
   - **B** 밀어야 해.

4. 선크림을 <u>바르다</u> → Il faut appliquer de la crème solaire.
   - **A** 발라야 합니다.
   - **B** 발라 드립니다.

5. 줄을 <u>서다</u> → Il faut faire la queue.
   - **A** 서야 해요.
   - **B** 서 드립니다.

Corrigé page 164

**Astuce** Pour exprimer le fait de *devoir* 어/아야 하다 **o/aya hada**, il existe trois formes selon le registre de langue utilisé : 어/아야 합니다 **o/aya habnida** (ultra formel) / 해요 **hèyô** (poli) / 해 **hè** (familier).

## Focus  L'obligation à la forme honorifique

*Sélectionnez la traduction correspondant à la phrase en français de l'énoncé.*

1. Vous devriez vous connecter à Internet.
   - **A** 인터넷에 연결하셔야 합니다.
   - **B** 인터넷에 연결해.

2. Vous devriez traverser sur le passage piéton.
   - **A** 횡단보도를 건너셔야 해요.
   - **B** 횡단보도를 건너시면 안 돼요.

3. Vous devriez prendre une décision maintenant.
   - **A** 지금 결정하지 마세요.
   - **B** 지금 결정하셔야 해요.

4. Vous devriez le régler.
   - **A** 계산하겠습니다.
   - **B** 계산하셔야 합니다.

## Module 17
### 기초 GITCHÔ

5. Vous devriez réparer la montre.

  **A** 시계를 고치셔야 해요.   **B** 시계를 고치고 있어요.

6. Vous devriez d'abord trouver un logement.

  **A** 먼저 집을 구하면 됩니다.   **B** 먼저 집을 구하셔야 합니다.

> **Astuce** Selon le registre de langue utilisé, il existe trois formes : 으셔야/셔야 합니다 **eusyoya/syoya habnida** (ultra formel) / 해요 **hèyô** (poli) / 해 **hè** (familier).

*Répondez à la question.*

1. 그 사람을 만나야 합니까 ?, Faut-il que je voie la personne ?

  **A** 아니요, 만나야 합니다.   **C** 네, 만나면 안 됩니다.

  **B** 아니요, 만나면 안 됩니다.   **D** 아니요, 만나고 싶습니다.

2. 당장 떠나야 해요 ?, Faut-il que je parte tout de suite ?

  **A** 아니요, 떠나면 안 돼요.   **C** 아니요, 당장 떠나세요.

  **B** 네, 떠나지 마세요.   **D** 네, 떠나면 안 돼요.

3. 여기를 눌러야 합니까 ?, Faut-il que j'appuie ici ?

  **A** 네, 누르지 마세요.   **C** 네, 누르면 안 됩니다.

  **B** 아니요, 누르면 안 됩니다.   **D** 아니요, 누르세요.

4. 할머니께서 이 약을 드셔야 합니까 ?, Faut-il que ma grand-mère prenne ce médicament ?

  **A** 네, 드시면 안 됩니다.   **C** 네, 드시지 마세요.

  **B** 아니요, 약을 주세요.   **D** 아니요, 드시면 안 됩니다.

5. 싸워야 해 ?, Faut-il que je me batte ?

  **A** 응, 싸우면 안 돼.   **C** 아니, 싸우면 안 돼.

  **B** 아니, 싸워.   **D** 응, 싸우지 마.

> **Astuce** Pour réponde à la question *Faut-il... ?* à la forme négative, on emploie le verbe auxiliaire 으면/면 안 되다 **eumyon/myon an dwéda** dont la forme varie selon le registre : 으면/면 안 됩니다 **eumyon/myon an dwébnida** (style ultra formel) / 돼요 **dwèyô** (style poli) / 돼 **dwè** (style familier), *Il ne faut pas...*

# Module 17
기초 GITCHÔ

### Focus   La phrase exhortative au style ultra formel

*Sélectionnez la forme correspondant à la phrase en français de l'énoncé.*

1. 같이 <u>끝내다</u> → Terminons-le ensemble !
   - **A** 끝냅니다 !
   - **B** 끝냅시다 !
   - **C** 끝내세요 !

2. 다 같이 <u>조심하다</u> → Faisons attention tous ensemble !
   - **A** 조심합시다 !
   - **B** 조심합니다 !
   - **C** 조심하십시오 !

3. 함께 <u>노력하다</u> → Faisons des efforts ensemble !
   - **A** 노력하세요 !
   - **B** 노력합시다 !
   - **C** 노력합니다 !

4. 다 함께 <u>걷다</u> → Marchons tous ensemble !
   - **A** 걸으세요 !
   - **B** 걸으십시오 !
   - **C** 걸읍시다 !

5. 모두 함께 <u>일하다</u> → Travaillons tous ensemble !
   - **A** 일하세요 !
   - **B** 일하십시오 !
   - **C** 일합시다 !

**Astuce** Lorsqu'on emploie la terminaison 읍/ㅂ시다 **eub/bsida**, si la dernière lettre du radical est ㄷ **d** ou ㅂ **b**, alors il prendra la forme irrégulière.

### Focus   La phrase exhortative au style poli

*Corrigé page 164*

*Sélectionnez la forme correspondant à la phrase en français de l'énoncé.*

1. Courons ensemble !
   - **A** 같이 뜁니다 !
   - **B** 같이 뛰세요 !
   - **C** 같이 뛰어요 !

2. Portons-le ensemble !
   - **A** 함께 듭시다 !
   - **B** 함께 들어 주세요 !
   - **C** 함께 들어요 !

3. Partageons le montant ensemble !
   - **A** 나누어 내요 !
   - **B** 나누어 내세요 !
   - **C** 나누어 내십시오 !

4. Commandons ensemble !
   - **A** 같이 주문하세요 !
   - **B** 같이 주문해요 !
   - **C** 같이 주문하십시오 !

## Module 17
기초 GITCHÔ

5. Prenons la photo ensemble !

   **A** 사진을 같이 찍어요 !
   **B** 사진을 같이 찍으세요 !
   **C** 사진을 같이 찍어야 합니다 !

**Astuce** La terminaison au style poli peut exprimer la voix déclarative, interrogative et exhortative.

### Focus  La phrase exhortative au style familier

Corrigé page 164

*Sélectionnez la forme correspondant à la phrase en français de l'énoncé.*

1. 같이 놀다 → Jouons ensemble !
   **A** 놀자 !   **B** 놀아요 !   **C** 놉시다 !

2. 간식을 같이 나누어 먹다 → Partageons le goûter ensemble !
   **A** 나누어 먹어 !   **B** 나누어 먹자 !   **C** 나누어 먹어요 !

3. 눈사람을 같이 만들다 → Faisons ensemble un bonhomme de neige !
   **A** 만듭시다 !   **B** 만들어 !   **C** 만들자 !

4. 같이 앉다 → Asseyons-nous ensemble !
   **A** 앉아 !   **B** 앉자 !   **C** 앉읍시다 !

5. 공원에 함께 가다 → Allons ensemble au parc !
   **A** 가요 !   **B** 가 !   **C** 가자 !

### Focus  La phrase exhortative à la forme négative

*Sélectionnez la traduction correspondant à la traduction en français de l'énoncé.*

1. Ne nous disputons pas.
   **A** 싸우지 맙시다.   **B** 안 싸웁시다.

2. Ne jetons pas de déchet par terre.
   **A** 바닥에 쓰레기를 안 버리세요.   **B** 바닥에 쓰레기를 버리지 말자.

# Module 17
## 기초 GITCHÔ

3. Ne parlons pas fort.

   **A** 떠들지 말자.   **B** 안 떠듭시다.

4. Ne fumons pas beaucoup.

   **A** 담배를 많이 피지 맙시다.   **B** 담배를 많이 안 피세요.

5. Ne buvons pas trop.

   **A** 술을 너무 많이 마시자.   **B** 술을 너무 많이 마시지 말자.

> **Astuce** La négation s'exprime à l'aide du verbe auxiliaire 지 말다 **dji malda** qui peut prendre les formes suivantes selon le style utilisé : 지 맙시다 ! **dji mabsida** (style ultra formel) / 말아요 ! **malayô** (style poli) / 말자 ! **maldja** (style familier).

### Focus Tous ensemble !

*Corrigé page 164*

*Sélectionnez la forme correspondant à la phrase en français de l'énoncé.*

1. 이번 주말에 데이트하다 → Ça vous dit de sortir ce week-end ?

   **A** 데이트해요 ?   **B** 데이트할까요 ?

2. 다음 주말에 드라이브하다
   → Ça vous dit de faire une balade en voiture le week-end prochain ?

   **A** 드라이브할 수 있어요 ?   **B** 드라이브할까요 ?

3. 바람을 쐬다 → Que pensez-vous de prendre l'air ?

   **A** 쐴까요 ?   **B** 쐬자 ?

4. 공원에서 같이 산책하다 → On va se promener ensemble au parc ?

   **A** 산책할까요 ?   **B** 산책하세요 ?

5. 함께 음악을 듣다 → On écoute de la musique ensemble ?

   **A** 들을까 ?   **B** 듣자 ?

> **Astuce** Les terminaisons 을/ㄹ까요 ? **eul/lkkayô** (style poli) et 을/ㄹ까 ? **eul/lkka** (style familier) servent à proposer de faire quelque chose en comité. Dans ce cas de figure, lorsque la dernière lettre du radical est ㄷ **d** ou ㅂ **b** alors le verbe prend la forme irrégulière, ex. : 걸 **gol** (걷다 **godda**, *marcher*) + 을까요 ? **eulkkayô** = 걸을까요 ? **goleulkkayô**, *On marche ?*

# Module 17
## 기초 GITCHÔ

**Focus** Exercices de traduction

*Corrigé page 164*

*Sélectionnez la bonne traduction.*

1. 늦었어. 뛰자 !
   - **A** Vous êtes en retard. Courez !
   - **B** Je suis en retard. Je cours !
   - **C** Il faut courir quand on est en retard.
   - **D** Nous sommes en retard. Courons !

2. 너무 비쌉니다. 사지 맙시다 !
   - **A** C'est trop cher. Ne l'achetons pas !
   - **B** C'est trop cher. Ne les achetez pas !
   - **C** C'est cher mais je veux l'acheter !
   - **D** Ce n'est pas cher. Achetons-les !

3. 사랑해. 결혼하자 !
   - **A** Tu me manques. Je veux te voir !
   - **B** Je t'aime mais je ne veux pas me marier.
   - **C** Je t'aime. Marions-nous !
   - **D** Je t'aime. Moi aussi !

4. 배고파요. 식당에 갈까요 ?
   - **A** J'ai faim. Ça vous dit d'aller au restaurant ?
   - **B** J'ai soif. On va boire de l'eau ?
   - **C** J'ai mal au ventre. On va chez le médecin ?
   - **D** J'ai faim. Tu vas au restaurant ?

5. 심심해. 지금 만날까 ?
   - **A** C'est nul. On y va ?
   - **B** Ce n'est pas drôle. On l'arrête maintenant ?
   - **C** Je m'ennuie. On se voit maintenant ?
   - **D** Je suis disponible. On se voit maintenant ?

**Module 17**
기초 GITCHÔ

*Sélectionnez la bonne traduction.*

1. Il faut attendre ici.
   - **A** 여기서 기다리셔야 해요.
   - **B** 여기서 기다리면 안 돼요.
   - **C** 여기서 내리세요.

2. Il ne faut pas attendre ici.
   - **A** 여기서 기다리세요.
   - **B** 여기서 기다리시면 안 돼요.
   - **C** 여기서 기다리겠습니다.

3. Il ne faut pas descendre maintenant.
   - **A** 지금 내리시면 안 돼요.
   - **B** 지금 내리세요.
   - **C** 지금 내렸습니다.

4. C'est un secret. Il ne faut pas le dire.
   - **A** 비밀입니다. 말하세요.
   - **B** 비밀이에요. 안 말하세요.
   - **C** 비밀이야. 말하면 안 돼.

5. Il fait trop froid. Ne sortons pas.
   - **A** 추우니까 나가지 마세요.
   - **B** 춥지 않아요. 나가세요.
   - **C** 너무 추워. 나가지 말자.

Corrigé page 164

## Module 17
단어 DANO

### Noms

| | |
|---|---|
| 인터넷 int<sup>h</sup>onés | *Internet* |
| 횡단보도 hwéngdanbôdô | *passage piéton* |
| 시계 sigyé | *montre* |
| 집 djib | *logement* |
| 약 yag | *médicament* |
| 금액 geumèg | *montant* |
| 간식 gansig | *goûter* |
| 눈사람 nounsalam | *bonhomme de neige* |
| 공원 gông'won | *parc* |
| 바닥 badag | *terre, sol* |
| 주말 djoumal | *week-end* |
| 식당 sigdang | *restaurant* |
| 비밀 bimil | *secret* |

### Adverbes, adjectifs, pronoms

| | |
|---|---|
| 먼저 mondjo | *d'abord* |
| 당장 dangdjang | *tout de suite* |
| 같이 gat<sup>h</sup>i | *ensemble* |
| 다 da | *tout* |
| 함께 hamkké | *ensemble* |
| 모두 môdou | *tout* |
| 너무 nomou | *trop* |
| 이번 ibon | *cette fois-ci* |
| 다음 da'eum | *prochaine fois* |

### Verbes

| | |
|---|---|
| 연결하다 yon'gyolha-da | *se connecter* (Internet) |
| 건너다 gonno-da | *traverser* |

# Module 17
## 단어 DANO

| | | |
|---|---|---|
| 결정하다 | gyoldjongha-da | *décider* |
| 계산하다 | gyésanha-da | *régler* |
| 고치다 | gôtchi-da | *réparer* |
| 구하다 | gouha-da | *trouver* (travail, logement) |
| 만나다 | manna-da | *se voir* |
| 떠나다 | ttona-da | *quitter, partir* |
| 드시다 | deusi-da | *manger, prendre* (honorifique) |
| 싸우다 | ssa'ou-da | *se battre* |
| 끝내다 | kkeutʰnè-da | *terminer* |
| 조심하다 | djôsimha-da | *faire attention* |
| 노력하다 | nôlyogha-da | *faire des efforts* |
| 들다 | deul-da | *porter* |
| 나누어 내다 | nanou'o nè-da | *partager* (argent) |
| 주문하다 | djoumounha-da | *commander* |
| 나누어 먹다 | nanou'o mog-da | *partager* (nourriture) |
| 만들다 | mandeul-da | *faire* |
| 떠들다 | ttodeul-da | *parler fort* |
| 데이트하다 | déitʰeuha-da | *avoir un rendez-vous galant* |
| 드라이브하다 | deula'ibeuha-da | *se balader en voiture* |
| 바람을 쐬다 | balameul sswé-da | *prendre l'air* |
| 산책하다 | santchègha-da | *se promener* |
| 늦다 | neudj-da | *être en retard* |
| 결혼하다 | gyolhônha-da | *se marier* |
| 심심하다 | simsimha-da | *s'ennuyer* |
| 기다리다 | gidali-da | *attendre* |
| 말하다 | malha-da | *dire* |

# Module 17
## CORRIGÉ

## 기초 gitchô

**PAGE 155**
L'obligation
1 **B** 2 **B** 3 **B** 4 **A** 5 **A**

**PAGES 155-156**
L'obligation à la forme honorifique
1 **A** 2 **A** 3 **B** 4 **B** 5 **A** 6 **B**
1 **B** 2 **A** 3 **B** 4 **D** 5 **C**

**PAGE 157**
La phrase exhortative au style ultra formel
1 **B** 2 **A** 3 **B** 4 **C** 5 **C**

**PAGES 157-158**
La phrase exhortative au style poli
1 **C** 2 **C** 3 **A** 4 **B** 5 **A**

**PAGE 158**
La phrase exhortative au style familier
1 **A** 2 **B** 3 **C** 4 **B** 5 **C**

**PAGES 158-159**
La phrase exhortative à la forme négative
1 **A** 2 **B** 3 **A** 4 **A** 5 **B**

**PAGE 159**
Tous ensemble !
1 **B** 2 **B** 3 **A** 4 **A** 5 **A**

**PAGES 160-161**
Exercices de traduction
1 **D** 2 **A** 3 **C** 4 **A** 5 **C**
1 **A** 2 **B** 3 **A** 4 **C** 5 **C**

---

**Vous avez obtenu entre 0 et 12 ?** Reprenez chaque question en regardant les endroits où vous avez fait des erreurs.

**Vous avez obtenu entre 13 et 25 ?** C'est très moyen, mais ne vous découragez pas.

**Vous avez obtenu entre 26 et 38 ?** Formidable ! Analysez les erreurs et, si besoin, révisez la ou les notions que vous ne maîtrisez pas complètement.

**Vous avez obtenu 39 et plus ?** 참 잘했어요 ! tcham djalhèssoyô

# Module 18
## 기초 GITCHÔ

**Focus** Les adverbes

*Sélectionnez l'adverbe adapté.*

1. 저는 술을 ____ 못 해요. Je ne bois pas du tout d'alcool.
   - **A** 가끔
   - **B** 자주
   - **C** 전혀
   - **D** 안

2. 저는 운동을 ____ 하지 않아요. Je ne fais presque jamais de sport.
   - **A** 거의
   - **B** 잘
   - **C** 자주
   - **D** 매일

3. 저는 공원에서 ____ 산책을 해요. Je me promène de temps en temps au parc.
   - **A** 자주
   - **B** 항상
   - **C** 매일
   - **D** 가끔

4. 커피를 ____ 마셔요. Je bois souvent du café.
   - **A** 가끔
   - **B** 날마다
   - **C** 자주
   - **D** 전혀

5. 쥬니는 ____ 웃어요. Juni sourit tout le temps.
   - **A** 안
   - **B** 항상
   - **C** 아주
   - **D** 매우

*Sélectionnez l'adverbe similaire à l'adverbe souligné.*

1. 남자 친구와 <u>자주</u> 전화해요.
   - **A** 종종
   - **B** 가끔
   - **C** 서로
   - **D** 거의

2. 여름에는 <u>항상</u> 더워요.
   - **A** 가끔
   - **B** 아주
   - **C** 매우
   - **D** 늘

3. 그 사람은 <u>항상</u> 친절해요.
   - **A** 가끔
   - **B** 거의
   - **C** 언제나
   - **D** 잘

4. <u>함께</u> 갈까요?
   - **A** 따로
   - **B** 서로
   - **C** 매일
   - **D** 같이

5. 이 꽃이 <u>정말</u> 아름다워요!
   - **A** 안
   - **B** 참
   - **C** 거의
   - **D** 또

*Corrigé page 174*

## Module 18
기초 GITCHÔ

6. <u>잠깐</u> 기다리세요.
   - **A** 지금
   - **B** 내일
   - **C** 일찍
   - **D** 잠시

*Sélectionnez l'adverbe adapté.*

1. 다니가 ____ 예뻐요, Dani est la plus belle.
   - **A** 정말
   - **B** 가장
   - **C** 아주
   - **D** 매우

2. 아침부터 ____ 머리가 아파요, J'ai mal à la tête depuis ce matin (sans cesse).
   - **A** 정말
   - **B** 더
   - **C** 계속
   - **D** 덜

3. ____ 만나자 !, Voyons-nous plus tard !
   - **A** 지금
   - **B** 이미
   - **C** 벌써
   - **D** 나중에

4. ____ 그를 생각합니다, Je pense à lui tous les jours.
   - **A** 날마다
   - **B** 지금
   - **C** 매우
   - **D** 전혀

5. 시험이 ____ 어려웠어요, L'examen était trop dur.
   - **A** 너무
   - **B** 잘
   - **C** 다시
   - **D** 계속

*Sélectionnez l'adverbe similaire à l'adverbe souligné.*

1. <u>금방</u> 도착해요.
   - **A** 아직
   - **B** 또
   - **C** 곧
   - **D** 벌써

2. <u>매일</u> 보고 싶어요.
   - **A** 지금
   - **B** 날마다
   - **C** 안
   - **D** 전혀

3. 한국어가 <u>가장</u> 재미있어요.
   - **A** 더
   - **B** 덜
   - **C** 아직
   - **D** 제일

4. <u>먼저</u> 손을 씻으세요.
   - **A** 자주
   - **B** 날마다
   - **C** 우선
   - **D** 지금

5. 한국어는 <u>매우</u> 아름답습니다.
   - **A** 너무
   - **B** 자주
   - **C** 덜
   - **D** 아주

*Corrigé page 174*

# Module 18
## 기초 GITCHÔ

*Sélectionnez l'adverbe adapté.*

1. 맛있어요. ____ 주세요, C'est délicieux. Donnez-m'en plus, s'il vous plaît.
   - **A** 덜
   - **B** 더
   - **C** 너무
   - **D** 아주

2. 숙제 ____ 했어 ?, As-tu terminé tous tes devoirs ?
   - **A** 가끔
   - **B** 자주
   - **C** 전혀
   - **D** 다

3. 한국에 ____ 가고 싶어요, Je veux retourner (encore) en Corée.
   - **A** 또
   - **B** 아직
   - **C** 너무
   - **D** 먼저

4. ____ 밤 11시가 넘었어요, Il est déjà 23 heures passées.
   - **A** 아직
   - **B** 또
   - **C** 벌써
   - **D** 전혀

5. ____ 만나고 싶지 않아요, Je n'ai pas particulièrement envie de le voir.
   - **A** 아직
   - **B** 별로
   - **C** 전혀
   - **D** 가끔

*Sélectionnez l'adverbe opposé.*

Corrigé page 174

1. 많이
   - **A** 조금
   - **B** 매우
   - **C** 특히
   - **D** 나중에

2. 미리
   - **A** 날마다
   - **B** 금방
   - **C** 나중에
   - **D** 더

3. 벌써
   - **A** 먼저
   - **B** 아직
   - **C** 자주
   - **D** 덜

4. 빨리
   - **A** 일찍
   - **B** 천천히
   - **C** 주로
   - **D** 별로

5. 일찍
   - **A** 가끔
   - **B** 벌써
   - **C** 날마다
   - **D** 늦게

# Module 18
기초 GITCHÔ

Corrigé page 174

*Sélectionnez l'adverbe adapté.*

1. ____ 프랑스 사람이세요 ?, Seriez-vous français, par hasard ?
   - A 지금
   - B 아직
   - C 혹시
   - D 또

2. 사람 ____ 보셨어요, Vous vous êtes trompé de personne.
   - A 잘못
   - B 안
   - C 잘
   - D 자주

3. 친구 중에서 ____ 쥬니와 가장 친해요, Parmi mes amis, c'est surtout de Juni dont je suis le plus proche.
   - A 많이
   - B 매우
   - C 전혀
   - D 특히

4. 기차가 ____ 빨라요, Le train est bien plus rapide.
   - A 덜
   - B 훨씬
   - C 자주
   - D 금방

5. 주말에는 ____ 집에서 쉬어요, Généralement, le week-end, je me repose à la maison.
   - A 항상
   - B 빨리
   - C 주로
   - D 또

6. ____ 지내셨어요 ?, Vous allez bien ?
   - A 안
   - B 매우
   - C 또
   - D 잘

*Sélectionnez l'adverbe opposé.*

1. 함께
   - A 같이
   - B 또
   - C 더
   - D 따로

2. 더
   - A 많이
   - B 덜
   - C 일찍
   - D 또

3. 가끔
   - A 전혀
   - B 거의
   - C 자주
   - D 매우

4. 나중에
   - A 먼저
   - B 종종
   - C 날마다
   - D 가장

5. 계속
   - A 그만
   - B 먼저
   - C 금방
   - D 곧

**Module 18**
기초 GITCHÔ

**Focus** Exercices de traduction

*Sélectionnez la bonne traduction.*

1. 비밀이야. 절대로 말하면 안 돼.
   - **A** C'est d'abord un secret.
   - **B** C'est un secret. Tu l'as déjà dit à quelqu'un.
   - **C** C'est un secret. Il ne faut jamais le dire.

Corrigé page 174

2. 미안해요. 전혀 생각나지 않아요.
   - **A** Désolé. Je ne m'en souviens pas du tout.
   - **B** Je suis navré. Je n'y pense pas souvent.
   - **C** Désolé. Je n'y ai pas pensé.

3. 다비드 씨는 아직 안 왔어요 ?
   - **A** David est déjà venu ?
   - **B** David n'est pas encore venu ?
   - **C** David va revenir ?

4. 어제 우연히 마주쳤어요.
   - **A** Je l'ai croisé par hasard hier.
   - **B** Je l'ai vu hier à plusieurs reprises.
   - **C** Je l'ai vu quelque part hier.

5. 한국어를 열심히 공부하세요 !
   - **A** Ils travaillent beaucoup, les Coréens !
   - **B** Travaillez dur !
   - **C** Travaillez durement le coréen !

# Module 18
기초 GITCHÔ

*Sélectionnez la bonne traduction.*

Corrigé page 174

1. Le réfrigérateur est plein.
   - A 냉장고가 배부르다.
   - B 냉장고가 가득 찼다.
   - C 냉장고가 많다.

2. Expliquez-moi en deux mots (« brièvement »).
   - A 자주 설명합니다.
   - B 나중에 설명해 주세요.
   - C 간단히 설명해 주세요.

3. Je reviens demain ?
   - A 내일 다시 올까요 ?
   - B 어제 벌써 왔어요 ?
   - C 방금 왔어요 ?

4. On se voit samedi ou dimanche ?
   - A 토요일하고 일요일에 만날까요 ?
   - B 토요일 또는 일요일에 볼까요 ?
   - C 토요일 더 일요일 어때요 ?

5. Répondez-y correctement !
   - A 천천히 대답하세요 !
   - B 계속 대답하세요 !
   - C 똑바로 대답하세요 !

## Module 18
단어 DANO

### Noms

| | | |
|---|---|---|
| 남자 친구 | namdja tchin'gou | *petit ami* |
| 여름 | yoleum | *été* |
| 꽃 | kkôtch | *fleur* |
| 아침 | atchim | *matin* |
| 그 | geu | *il, le, lui* |
| 시험 | sihom | *examen, contrôle* |
| 손 | sôn | *main* |
| 숙제 | sougdjé | *devoirs* (scolaire) |
| 밤 | bam | *nuit* |
| 중(에서) | djoung(éso) | *parmi* |
| 기차 | gitcha | *train* |
| 냉장고 | nèngdjanggô | *réfrigérateur* |
| 일요일 | ilyôil | *dimanche* |

### Adverbes, particule

| | | |
|---|---|---|
| 전혀 | djonhyo | *jamais* |
| 거의 | go'eui | *presque* |
| 가끔 | gakkeum | *de temps en temps* |
| 자주 | djadjou | *souvent* |
| 항상 | hangsang | *toujours* |
| 와/과 | wa/gwa | *avec* |
| 종종 | djôngdjông | *souvent* |
| 언제나 | ondjéna | *toujours* |
| 늘 | neul | *toujours* |
| 잠깐 | djamkkan | *un instant* |

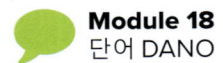

## Module 18
단어 DANO

| | |
|---|---|
| 잠시 djamsi | *un moment* |
| 가장 gadjang | *le plus* |
| 계속 gyésôg | *sans cesse* |
| 나중에 nadjoung'é | *plus tard* |
| 날마다 nalmada | *tous les jours* |
| 너무 nomou | *trop* |
| 금방 geumbang | *tout de suite* |
| 곧 gôd | *immédiatement* |
| 매일 mèil | *chaque jours* |
| 제일 djéil | *le plus* |
| 먼저 mondjo | *d'abord, avant tout* |
| 우선 ouson | *d'abord, avant tout* |
| 매우 mèou | *très* |
| 더 do | *plus* |
| 또 ttô | *encore* |
| 벌써 bolsso | *déjà* |
| 별로 byollô | *pas très* |
| 혹시 hôgsi | *par hasard* |
| 잘못 djalmôs | *mal* |
| 특히 tʰeughi | *particulièrement* |
| 훨씬 hwolssin | *beaucoup plus* |
| 주로 djoulô | *généralement* |
| 많이 manhi | *beaucoup* |
| 조금 djôgeum | *un peu* |
| 미리 mili | *à l'avance* |
| 아직 adjig | *pas encore* |
| 빨리 ppalli | *vite* |
| 천천히 tchontchonhi | *lentement* |

# Module 18
단어 DANO

| | |
|---|---|
| 일찍 iltsig | *tôt* |
| 늦게 neudjgé | *tard* |
| 따로 ttalô | *séparément* |
| 덜 dol | *moins* |
| 그만 geuman | « de manière discontinue » |
| 절대로 djoldèlô | *absolument, jamais* |
| 전혀 djonhyo | *pas du tout* |
| 우연히 ouyonhi | *par hasard* |
| 열심히 yolsimhi | *avec ardeur* |
| 가득 gadeug | *pleinement* |
| 간단히 gandanhi | *simplement, brièvement* |
| 다시 dasi | *de nouveau* |
| 또는 ttôneun | *ou encore* |
| 똑바로 ttôgbalô | *clairement, correctement* |

### Verbes

| | |
|---|---|
| 친절하다 tchindjolha-da | *être gentil* |
| 아름답다 aleumdab-da | *être beau* |
| 어렵다 olyob-da | *être difficile* |
| 씻다 ssis-da | *se laver* |
| 넘다 nom-da | *dépasser* |
| 친하다 tchinha-da | *être proche* (relation) |
| 미안하다 mianha-da | *être désolé* |
| 생각나다 sènggagna-da | *se souvenir* |
| 마주치다 madjoutchi-da | *croiser (quelqu'un)* |
| 차다 tcha-da | *être rempli* |
| 설명하다 solmyongha-da | *expliquer* |
| 대답하다 dèdabha-da | *répondre* |

✓ **Module 18**
CORRIGÉ

## 기초 gitchô

**PAGES 165-168**
Les adverbes
1 **C** 2 **A** 3 **D** 4 **C** 5 **B**
1 **A** 2 **D** 3 **C** 4 **D** 5 **B** 6 **D**
1 **B** 2 **C** 3 **D** 4 **A** 5 **A**
1 **C** 2 **B** 3 **D** 4 **C** 5 **D**
1 **B** 2 **D** 3 **A** 4 **C** 5 **B**
1 **A** 2 **C** 3 **B** 4 **B** 5 **D**
1 **C** 2 **A** 3 **D** 4 **B** 5 **C** 6 **D**
1 **D** 2 **B** 3 **C** 4 **A** 5 **A**

VOTRE SCORE :

**PAGES 169-170**
Exercices de traduction
1 **C** 2 **A** 3 **B** 4 **A** 5 **C**
1 **B** 2 **C** 3 **A** 4 **B** 5 **C**

---

**Vous avez obtenu entre 0 et 13 ?** Reprenez chaque question en regardant les endroits où vous avez fait des erreurs.

**Vous avez obtenu entre 14 et 30 ?** C'est très moyen, mais ne vous découragez pas.

**Vous avez obtenu entre 31 et 44 ?** Formidable ! Analysez les erreurs et, si besoin, révisez la ou les notions que vous ne maîtrisez pas complètement.

**Vous avez obtenu 45 et plus ?** 참 잘했어요 ! tcham djalhèssoyô

# Module 19
## 기초 GITCHÔ

### Focus — La forme adjectivale régulière

*Retrouvez la bonne forme adjectivale à partir du verbe d'état.*

**Corrigé page 184**

1. 간단하다 + 문제 → une question simple
   - **A** 간단한 문제
   - **B** 문제 간단한

2. 같다 + 반 → la même classe
   - **A** 같는 반
   - **B** 같은 반

3. 복잡하다 + 길 → un chemin compliqué
   - **A** 복잡한 길
   - **B** 복잡해 길

4. 급하다 + 일 → une affaire urgente
   - **A** 급한 일
   - **B** 일 급한

5. 기쁘다 + 날 → un jour joyeux
   - **A** 기쁨 날
   - **B** 기쁜 날

**Astuce** — Pour construire la forme adjectivale, il faut accoler le suffixe 은/ㄴ **eun/n** au radical du verbe d'état.

*Sélectionnez la bonne forme adjectivale.*

1. un film triste
   - **A** 슬픈 영화
   - **B** 슬프은 영화

2. un bureau propre
   - **A** 깨끗해 책상
   - **B** 깨끗한 책상

3. un jardin spacieux
   - **A** 넓는 정원
   - **B** 넓은 정원

4. un avis différent
   - **A** 다르은 의견
   - **B** 다른 의견

5. une personne chaleureuse
   - **A** 따뜻한 사람
   - **B** 사람 따뜻한

## Module 19
기초 GITCHÔ

### Focus — La forme adjectivale irrégulière en ㄹ *l*

*Sélectionnez la bonne forme.*

Corrigé page 184

1. 길다 + 원피스 → une robe longue
   - **A** 긴 원피스
   - **B** 길은 원피스

2. 달다 + 음식 → un aliment sucré
   - **A** 단 음식
   - **B** 달ㄹ 음식

3. 멀다 + 곳 → un lieu lointain
   - **A** 멀은 곳
   - **B** 먼 곳

4. 가늘다 + 목 → un cou fin
   - **A** 가늘 목
   - **B** 가는 목

5. 둥글다 + 달 → une pleine lune
   - **A** 둥근 달
   - **B** 둥글은 달

> **Astuce** Lorsque le radical d'un verbe se termine par la consonne ㄹ **l**, il faut supprimer cette dernière puis accoler le suffixe ㄴ **n**.

### Focus — La forme adjectivale irrégulière en ㅂ *b*

*Sélectionnez la bonne forme.*

1. 가볍다 + 운동화 → des baskets légères
   - **A** 가볍은 운동화
   - **B** 가벼운 운동화

2. 귀엽다 + 아기 → un bébé mignon
   - **A** 귀여우 아기
   - **B** 귀여운 아기

3. 두껍다 + 이불 → une couette épaisse
   - **A** 두꺼운 이불
   - **B** 두껍은 이불

4. 뜨겁다 + 라면 → du ramyeon très chaud
   - **A** 뜨겁운 라면
   - **B** 뜨거운 라면

# Module 19
## 기초 GITCHÔ

5. 무섭다 + 호랑이 ➜ un tigre effrayant

   **A** 무섭은 호랑이  **B** 무서운 호랑이

**Astuce** Lorsque le radical d'un verbe se termine par la consonne ㅂ **b**, cette dernière se transforme alors en 우 **ou** puis il faut accoler le suffixe ㄴ **n**, ex. : 시끄러우 **sikkeulo'ou** (시끄럽다 **sikkeulobda**, *être bruyant*) + ㄴ **n** ➜ 시끄러운 **sikkeulo'oun**, *bruyant*.

## Focus La forme adjectivale irrégulière en 있 *iss*

*Sélectionnez la bonne forme.*

**Corrigé page 184**

1. 맛있다 + 주스 ➜ un jus de fruits délicieux

   **A** 맛있는 주스  **B** 주스 맛있는

2. 멋있다 + 연예인 ➜ une célébrité charmante

   **A** 멋있은 연예인  **B** 멋있는 연예인

3. 재미없다 + 농담 ➜ une blague nulle

   **A** 재미없은 농담  **B** 재미없는 농담

4. 맛없다 + 과일 ➜ un fruit fade

   **A** 맛없는 과일  **B** 맛없은 과일

5. 재미있다 + 드라마 ➜ un feuilleton intéressant

   **A** 재미있는 드라마  **B** 재미있은 드라마

**Astuce** Lorsque le radical d'un verbe se termine par 있 **iss**, il faut ajouter le suffixe 는 **neun**.

## Focus La forme adjectivale irrégulière en ㅎ *h*

*Sélectionnez la bonne forme.*

1. 하얗다 + 구름 ➜ un nuage blanc

   **A** 하얗은 구름  **B** 하얀 구름

2. 까맣다 + 고양이 ➜ un chat noir

   **A** 고양이 까맣  **B** 까만 고양이

## Module 19
## 기초 GITCHÔ

3. 빨갛다 + 입술 → des lèvres rouges
   - **A** 빨갛은 입술
   - **B** 빨간 입술

4. 노랗다 + 병아리 → un poussin jaune
   - **A** 노라은 병아리
   - **B** 노란 병아리

5. 파랗다 + 하늘 → le ciel bleu
   - **A** 파란 하늘
   - **B** 파랗는 하늘

6. 어떻다 + 색 → quelle couleur
   - **A** 어떤 색
   - **B** 어떻 색

**Astuce** Lorsque le radical d'un verbe se termine par la consonne ㅎ **h**, il faut supprimer cette dernière puis accoler le suffixe ㄴ **n**.

### Focus  La forme adjectivale régulière en ㅎ *h*

*Sélectionnez la bonne forme.*

1. 많다 + 돈 → beaucoup d'argent (litt. « argent abondant »)
   - **A** 많은 돈
   - **B** 만 돈

2. 싫다 + 표정 → une grimace de mécontentement (litt. « mine désagréable »)
   - **A** 싫은 표정
   - **B** 싫는 표정

3. 좋다 + 성격 → une personnalité agréable
   - **A** 조은 성격
   - **B** 좋은 성격

4. 괜찮다 + 가격 → un prix correct
   - **A** 괜찮은 가격
   - **B** 괜찮는 성격

**Astuce** Ici, on accole le suffixe 은 **eun** au radical du verbe, sans le modifier.

# Module 19
## 기초 GITCHÔ

### Focus — Emploi de la forme adjectivale dans une phrase

*Complétez à l'aide de la bonne particule.*

1. 급한 일____이에요. C'est une affaire urgente.
   - **A** ∅
   - **B** 가
   - **C** 은
   - **D** 에

2. 급한 일____ 있어요. J'ai une affaire urgente.
   - **A** 을
   - **B** 이
   - **C** 가
   - **D** 를

3. 간단한 문제____ 아니에요. Ce n'est pas une question simple.
   - **A** 가
   - **B** 이
   - **C** 를
   - **D** 에서

4. 슬픈 영화____ 보고 싶어요. Je veux regarder un film triste.
   - **A** 이
   - **B** 는
   - **C** 에서
   - **D** 를

5. 아이들이 넓은 정원____ 놀아요. Les enfants jouent dans un grand jardin.
   - **A** 에
   - **B** 을
   - **C** 에서
   - **D** 이

6. 부모님께서는 먼 곳____ 계세요.
   Mes parents sont loin. (litt. « se trouver dans un endroit lointain »)
   - **A** 이
   - **B** 에
   - **C** 을
   - **D** 은

7. 귀여운 아기____ 주세요. Donnez-le au bébé mignon.
   - **A** 에게
   - **B** 께서
   - **C** 를
   - **D** 가

### Focus — Exercices de traduction

*Sélectionnez la bonne traduction.*

Corrigé page 184

1. 싫은 표정을 하지 마세요.
   - **A** Ne faites pas des blagues nulles.
   - **B** Ne faites pas cette grimace de mécontentement.
   - **C** Je fais une grimace de mécontentement.

# Module 19
기초 GITCHÔ

Corrigé page 184

2. 어떤 색을 좋아하세요?

   A Quelle couleur aimez-vous ?
   B C'est de quelle couleur ?
   C Est-elle rouge ?

3. 멋있는 연예인이 되고 싶어요.

   A Je veux devenir une grande vedette.
   B Je suis une vedette chic.
   C Je veux manger quelque chose de bon.

4. 재미없는 농담 그만 하세요.

   A C'est une plaisanterie très drôle.
   B J'arrête les blagues nulles.
   C Arrêtez vos blagues nulles, s'il vous plaît.

5. 파란 하늘이 정말 아름다워요.

   A Le ciel est vraiment bleu.
   B Le ciel bleu est vraiment beau.
   C La couleur de ciel est le bleu.

*Sélectionnez la bonne traduction.*

1. J'ai peur des chats noirs.

   A 까만 고양이가 무서워요.
   B 까만 고양이가 있어요.
   C 고양이가 까매요.
   D 고양이는 무서워요.

2. Il fait froid. Donnez-moi une couette épaisse.

   A 춥습니다. 문을 닫아 주세요.
   B 차가워요. 이불이 두꺼워요.
   C 추워요. 가벼운 이불을 주세요.
   D 추워요. 두꺼운 이불을 주세요.

## Module 19
## 단어 DANO

3. Ne prenez pas trop de sucreries.

- **A** 사탕을 많이 드세요.
- **B** 단 것을 안 먹어요.
- **C** 단 것을 많이 드시지 마세요.
- **D** 단 것을 많이 드세요.

4. C'est quelqu'un de chaleureux.

- **A** 날씨가 매우 따뜻해요.
- **B** 따뜻한 사람이에요.
- **C** 따뜻한 사람이 있습니다.
- **D** 날씨가 안 따뜻해요.

### Noms

| | | |
|---|---|---|
| 문제 moundjé | *question* |
| 반 ban | *classe* |
| 길 gil | *chemin, rue* |
| 일 il | *affaire* |
| 날 nal | *jour* |
| 책상 tchègsang | *bureau (meuble)* |
| 정원 djong'won | *jardin* |
| 의견 euigyon | *avis* |
| 원피스 wonpʰiseu | *robe* |
| 음식 eumsig | *aliment* |
| 곳 gôs | *lieu, endroit* |
| 목 môg | *cou* |
| 달 dal | *lune* |
| 운동화 oundônghwa | *basket* |
| 아기 agi | *bébé* |
| 이불 iboul | *couette* |
| 라면 lamyon | *ramyeon (nouilles instantanées)* |
| 호랑이 hôlang'i | *tigre* |

## Module 19
단어 DANO

| | |
|---|---|
| 주스 djouseu | *jus (de fruits)* |
| 연예인 yonyéin | *vedette, star* |
| 농담 nôngdam | *blague, plaisanterie* |
| 과일 gwa'il | *fruit* |
| 드라마 deulama | *feuilleton, série* |
| 구름 gouleum | *nuage* |
| 고양이 gôyang'i | *chat* |
| 입술 ibsoul | *lèvre* |
| 병아리 byong'ali | *poussin* |
| 하늘 haneul | *ciel* |
| 색 sèg | *couleur* |
| 표정 pʰyôdjong | *expression, mine, air* |
| 성격 songgyog | *personnalité* |
| 가격 gagyog | *prix* |

### Particule

| | |
|---|---|
| 들 deul | particule du pluriel |

### Verbes

| | |
|---|---|
| 간단하다 gandanha-da | *être simple* |
| 같다 gatʰ-da | *être identique, même* |
| 복잡하다 bôgdjabha-da | *être compliqué* |
| 급하다 geubha-da | *être urgent* |
| 기쁘다 gippeu-da | *être joyeux* |
| 슬프다 seulpʰeu-da | *être triste* |
| 넓다 nolb-da | *être spacieux/vaste* |
| 다르다 daleu-da | *être différent* |

# Module 19
## 단어 DANO

| | |
|---|---|
| 따뜻하다 ttatteusha-da | être chaleureux |
| 가늘다 ganeul-da | être fin |
| 둥글다 dounggeul-da | être rond |
| 두껍다 doukkob-da | être épais |
| 뜨겁다 tteugob-da | être très chaud/brûlant |
| 무섭다 mousob-da | être effrayant, avoir peur |
| 시끄럽다 sikkeulob-da | être bruyant |
| 멋있다 mosiss-da | être élégant/chouette/chic |
| 재미없다 djèmiobs-da | ne pas être amusant/drôle/intéressant |
| 맛없다 masobs-da | ne pas être délicieux |
| 재미있다 djémiiss-da | être amusant/drôle/intéressant |
| 하얗다 hayah-da | être blanc |
| 까맣다 kkamah-da | être noir |
| 빨갛다 ppalgah-da | être rouge |
| 노랗다 nôlah-da | être jaune |
| 파랗다 pʰalah-da | être bleu |
| 어떻다 ottoh-da | être comment |
| 싫다 silh-da | être désagréable/déplaisant |
| 괜찮다 gwèntchanh-da | être satisfaisant/correct/bon |
| 되다 dwé-da | devenir |

# Module 19
## CORRIGÉ

## 기초 gitchô

**VOTRE SCORE :**

**PAGE 175**
La forme adjectivale régulière
1 **A**  2 **B**  3 **A**  4 **A**  5 **B**
1 **A**  2 **B**  3 **B**  4 **B**  5 **A**

**PAGE 176**
La forme adjectivale irrégulière en ㄹ **l**
1 **A**  2 **A**  3 **B**  4 **B**  5 **A**

**PAGES 176-177**
La forme adjectivale irrégulière en ㅂ **b**
1 **B**  2 **B**  3 **A**  4 **B**  5 **B**

**PAGE 177**
La forme adjectivale irrégulière en 있 **iss**
1 **A**  2 **B**  3 **B**  4 **A**  5 **A**

**PAGES 177-178**
La forme adjectivale irrégulière en ㅎ **h**
1 **B**  2 **B**  3 **B**  4 **A**  5 **A**  6 **A**

**PAGE 178**
La forme adjectivale régulière en ㅎ **h**
1 **A**  2 **A**  3 **B**  4 **A**

**PAGE 179**
Emploi de la forme adjectivale dans une phrase
1 **A**  2 **B**  3 **A**  4 **D**  5 **C**  6 **B**  7 **A**

**PAGES 179-181**
Exercices de traduction
1 **B**  2 **A**  3 **A**  4 **C**  5 **B**
1 **A**  2 **D**  3 **C**  4 **B**

---

**Vous avez obtenu entre 0 et 13 ?** Reprenez chaque question en regardant les endroits où vous avez fait des erreurs.

**Vous avez obtenu entre 14 et 30 ?** C'est très moyen, mais ne vous découragez pas.

**Vous avez obtenu entre 31 et 44 ?** Formidable ! Analysez les erreurs et, si besoin, révisez la ou les notions que vous ne maîtrisez pas complètement.

**Vous avez obtenu 45 et plus ?** 참 잘했어요 ! tcham djalhèssoyô

# Module 20
기초 GITCHÔ

## Focus La proposition relative et les verbes d'état

*Sélectionnez la proposition relative correctement formulée.*

Corrigé page 193

1. 책이 많다 + 학생 → un élève qui a beaucoup de livres
   - **A** 학생은 책이 많은
   - **B** 책이 많은 학생

2. 눈이 아름답다 + 여자 → une femme qui a de jolis yeux
   - **A** 눈이 아름다운 여자
   - **B** 눈이 아름답은 여자

3. 지우개가 없다 + 아이 → un enfant qui n'a pas de gomme
   - **A** 지우개가 없는 아이
   - **B** 지우개가 없다 아이

4. 풀이 있다 + 아이 → un enfant qui a de la colle
   - **A** 풀이 있는 아이
   - **B** 풀이 있은 아이

5. 배고프다 + 사람 → une personne qui a faim
   - **A** 배고픔 사람
   - **B** 배고픈 사람

6. 손톱이 길다 + 남자 → un homme qui a les ongles longs
   - **A** 손톱이 긴 남자
   - **B** 손톱이 길은 남자

*Remettez les mots dans le bon ordre.*

1. 이, 많은, 곳, 사람, un lieu où il y a du monde
   - **A** 사람이 많은 곳
   - **B** 곳이 사람 많은

2. 없는, 주차장, 장소, 이, un endroit où il n'y a pas de parking
   - **A** 주차장이 없는 장소
   - **B** 장소 주차장이 없는

3. 기쁜, 이렇게, 이유, 다니가, la raison pour laquelle Dani est si contente
   - **A** 다니 이유 이렇게 기쁘다
   - **B** 다니가 이렇게 기쁜 이유

4. 것, 인, 동그라미, une chose qui a une forme ronde
   - **A** 동그라미 것인
   - **B** 동그라미인 것

5. 아닌, 세모가, 것, une chose qui n'est pas de forme triangulaire
   - **A** 세모인 것
   - **B** 세모가 아닌 것

## Module 20
기초 GITCHÔ

6. 네모와, 모양, 비슷한, une forme qui est similaire à un carré
   - **A** 네모와 비슷한 모양
   - **B** 비슷한 네모와 모양

*Complétez la phrase.*

1. ____ 사랑해요, Je suis amoureux d'une femme qui a de jolis yeux.
   - **A** 눈이 아름다운 여가가
   - **B** 눈이 아름다운 여자를

2. ____ 주세요, Donnez-les aux gens qui ont faim.
   - **A** 배고픈 사람에게
   - **B** 배고픈 사람이

3. ____ 아세요 ?, Connaissez-vous la raison pour laquelle Dani est contente ?
   - **A** 다니가 이렇게 기쁜 이유를
   - **B** 다니가 이렇게 기뻐요

4. ____ 어디에 있어요 ?, Où se trouve la forme qui est similaire à un carré ?
   - **A** 네모와 비슷한 모양에
   - **B** 네모와 비슷한 모양이

5. ____ 봐요 !, On se voit où il y a du monde !
   - **A** 사람이 많은 곳에서
   - **B** 사람이 많은 곳에

### Focus  La proposition relative et les verbes d'action

*Sélectionnez la proposition relative correctement formulée.*

Corrigé page 193

1. une personne qui a fermé les yeux
   - **A** 눈을 감다 사람
   - **B** 눈을 감은 사람

2. une personne qui a ouvert les yeux
   - **A** 눈을 뜨은 사람
   - **B** 눈을 뜬 사람

3. un enfant qui a cassé un bol
   - **A** 그릇을 깬 아이
   - **B** 그릇을 깨었던 아이

4. un élève qui a terminé ses devoirs
   - **A** 학생이 숙제를 끝내요
   - **B** 숙제를 끝낸 학생

# Module 20
## 기초 GITCHÔ

5. un invité qui n'a pas terminé (litt. « a laissé ») son plat

   **A** 음식을 남기다 손님   **B** 음식을 남긴 손님

> **Astuce** Lorsqu'on utilise un verbe d'action au passé dans une proposition relative, il faut accoler le suffixe 은 **eun** / ㄴ **n** au radical.

*Remettez les mots dans le bon ordre.*

1. 인사하는, 께, 학생, 선생님, un élève qui dit bonjour à son enseignant

   **A** 선생님께 인사하는 학생   **B** 학생께 인사한 선생님

2. 지하철, 승객, 이용하는, 을, un passager qui utilise le métro

   **A** 승객을 이용한 지하철   **B** 지하철을 이용하는 승객

3. 분, 을, 생선, 좋아하는, une personne qui aime les poissons

   **A** 생선을 좋아하는 분   **B** 생선 좋아하는을 분

4. 신문, 팔리는, 잘, un journal qui se vend bien

   **A** 팔리는 잘 신문   **B** 잘 팔리는 신문

5. 피는, 이, 계절, 장미꽃, la saison au cours de laquelle les roses fleurissent

   **A** 장미꽃 계절이 피는   **B** 장미꽃이 피는 계절

6. 색, 가장, 좋아하는, la couleur que j'aime le plus

   **A** 가장 좋아하는 색   **B** 색 가장 좋아하는

> **Astuce** Lorsqu'on utilise un verbe d'action au présent dans une proposition relative, il faut accoler 는 **neun** au radical.

*Sélectionnez la proposition relative correctement formulée.*

1. 내년에 입학할 아이

   **A** un enfant qui est entré à l'école l'année dernière   **B** un enfant qui va entrer à l'école l'année prochaine

## Module 20
### 기초 GITCHÔ

**Corrigé page 193**

2. 마실 것
   - **A** quelque chose à boire
   - **B** quelque chose à manger

3. 초대할 가족
   - **A** la famille à inviter
   - **B** la famille qu'on a invité

4. 내일 입원할 환자
   - **A** un malade qui est entré à l'hôpital
   - **B** un malade qui va entrer à l'hôpital demain

5. 오후에 수술할 환자
   - **A** un patient qu'on va opérer cet après-midi
   - **B** un médecin qui a opéré cet après-midi

6. 소개할 신입 사원
   - **A** un nouvel employé qu'on m'a présenté
   - **B** un nouvel employé qu'on va présenter

**Astuce** Lorsqu'on utilise un verbe d'action au futur dans une proposition relative, il faut accoler le suffixe 을 **eul** / ㄹ **l** au radical.

### Focus  La proposition relative et les verbes auxiliaires

*Sélectionnez la forme relative correctement formulée.*

1. 가야 하다 + 곳 ➜ le lieu où je dois aller
   - **A** 가야 한 곳
   - **B** 가야 할 곳

2. 가지 말아야 하다 + 장소 ➜ un endroit où je ne dois pas aller
   - **A** 가지 말아야 할 장소
   - **B** 가지 말아야 한 곳

3. 할 수 있다 + 것 ➜ ce que je peux faire (litt. « chose que… »)
   - **A** 할 수 있음 것
   - **B** 할 수 있는 일

4. 할 수 없다 + 일 ➜ ce que je ne peux pas faire (litt. « chose que… »)
   - **A** 할 수 없은 것
   - **B** 할 수 없는 일

**Module 20**
기초 GITCHÔ

5. 먹지 않다 + 음식 → la nourriture que je ne mange pas
   - **A** 먹지 않을 음식
   - **B** 먹지 않는 음식

6. 해야 하다 + 것 → ce que je dois faire (litt. « chose... »)
   - **A** 해야 한 것
   - **B** 해야 할 것

*Sélectionnez la formulation qui correspond à la traduction française en utilisant les mots coréens proposés.*

**Corrigé page 193**

1. 음식, 고 싶다, 먹다, le plat que je veux manger
   - **A** 음식 먹고 싶은
   - **B** 먹고 싶은 음식

2. 고 싶다, 먹다, 지 않다, 음식, le plat que je ne veux pas manger
   - **A** 먹고 싶지 않은 음식
   - **B** 음식 먹지 않는 싶은

3. 사람, 보다, 고 싶다, la personne que je veux voir
   - **A** 싶은 보고 싶 사람
   - **B** 보고 싶은 사람

4. 취소하다, 공연, 고 싶다, le spectacle qu'on veut annuler
   - **A** 공연하고 싶은 취소
   - **B** 취소하고 싶은 공연

5. 옷, 고 싶다, 팔다, le vêtement que je veux vendre
   - **A** 팔고 싶지 않은 옷
   - **B** 팔고 싶은 옷

**Astuce** Le verbe auxiliaire 고 싶다 **gô sip^hda**, *vouloir*, prend le suffixe 은 **eun** lorsqu'il est utilisé dans une proposition relative.

**Focus** Exercices de traduction

*Sélectionnez la bonne traduction.*

1. 이렇게 결정한 사람이 누구입니까 ?
   - **A** Êtes-vous la personne qui a pris la décision ?
   - **B** Voulez-vous prendre une telle décision ?
   - **C** Quelle est la personne qui a pris une telle décision ?

## Module 20
기초 GITCHÔ

2. 마실 것 좀 주시겠어요?
   - **A** Je vous sers quelque chose à boire ?
   - **B** Voulez-vous quelque chose à grignoter ?
   - **C** Pourrais-je avoir quelque chose à boire ?

3. 모르는 것이 있으면 물어보세요.
   - **A** Si vous avez des questions, n'hésitez pas à me demander.
   - **B** Je voudrais vous poser des questions.
   - **C** Il faut poser des questions.

4. 할 수 없는 일이었어요.
   - **A** Je ne voulais pas le faire.
   - **B** Ce sont des choses qu'on ne pouvait pas faire.
   - **C** C'est ce que je pouvais faire.

5. 하고 싶지 않은 일을 하지 마세요.
   - **A** Je ne le fais pas car je ne veux pas le faire.
   - **B** Ne faites pas des choses que vous ne voulez pas faire.
   - **C** Même si vous n'en avez pas envie, il faut le faire.

*Corrigé page 193*

*Sélectionnez la bonne traduction.*

1. J'ai un amoureux.
   - **A** 사랑하는 사람이 있어요.
   - **B** 사랑하는 사람을 알아요.
   - **C** 사랑합니다.
   - **D** 제가 사랑하는 사람입니다.

2. Est-ce que ces articles sont soldés ?
   - **A** 세일하는 물건이에요?
   - **B** 세일해서 샀어요?
   - **C** 세일하면 사시겠어요?
   - **D** 언제 세일할 물건이에요?

3. C'est la personne que j'ai choisie.
   - **A** 그 사람을 선택했어요.
   - **B** 저를 선택해 주세요.
   - **C** 제가 선택한 사람이에요.
   - **D** 저를 선택한 사람이에요.

# Module 20
단어 DANO

4. J'ai des choses à savoir.

- **A** 물어보세요.
- **B** 알고 싶은 게 있어요.
- **C** 갖고 싶은 게 있어요.
- **D** 알고 싶지 않아요.

## Noms

| | |
|---|---|
| 여자 yodja | *femme* |
| 지우개 djiougè | *gomme* |
| 풀 pʰoul | *colle* |
| 손톱 sôntʰôb | *ongle* |
| 주차장 djoutchadjang | *parking* |
| 이유 iyou | *raison* |
| 동그라미 dông'geulami | *cercle, rond* |
| 것 gos | *chose* |
| 세모 sémô | *triangle* |
| 네모 némô | *carré* |
| 모양 môyang | *forme* |
| 그릇 geuleus | *récipient, bol* |
| 손님 sônnim | *invité* |
| 지하철 djihatchol | *métro* |
| 승객 seung'gèg | *passager* |
| 생선 sèngson | *poisson* |
| 분 boun | *personne (honorifique)* |
| 신문 sinmoun | *journal* |
| 장미꽃 djangmikkôtch | *rose* |
| 계절 gyédjol | *saison* |

191

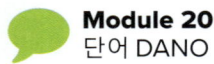

## Module 20
단어 DANO

| | |
|---|---|
| 가족 gadjôg | *famille* |
| 환자 hwandja | *patient, malade* |
| 오후 ôhou | *après-midi* |
| 신입 사원 sinib sawon | *nouvel employé* |
| 일 il | *chose* |

### Adverbes, pronoms interrogatifs

| | |
|---|---|
| 이렇게 ilohgé | *si* |
| 이렇게 ilohgé | *ainsi* |
| 누구 nougou | *qui* |

### Verbes

| | |
|---|---|
| 기쁘다 gippeu-da | *être content* |
| ...와/과 비슷하다 wa/gwa biseusha-da | *ressembler à, être similaire à* |
| 깨다 kkè-da | *casser* |
| 남기다 namgi-da | *laisser* |
| 이용하다 iyôngha-da | *utiliser* |
| 팔리다 pʰali-da | *se vendre* |
| 입학하다 ibhagha-da | *rentrer à l'école* |
| 초대하다 tchôdèha-da | *inviter* |
| 수술하다 sousoulha-da | *opérer* |
| 소개하다 sôgèha-da | *présenter* |
| 물어보다 moulobô-da | *demander* |
| 세일하다 séilha-da | *démarquer* |

# Module 20
## CORRIGÉ

## 기초 gitchô

### PAGES 185-186
La proposition relative et les verbes d'état
1 **B** 2 **A** 3 **A** 4 **A** 5 **B** 6 **A**
1 **A** 2 **A** 3 **B** 4 **B** 5 **B** 6 **A**
1 **B** 2 **A** 3 **A** 4 **B** 5 **A**

### PAGES 186-188
La proposition relative et les verbes d'action
1 **B** 2 **B** 3 **A** 4 **B** 5 **B**
1 **A** 2 **B** 3 **B** 4 **B** 5 **B** 6 **A**
1 **B** 2 **A** 3 **A** 4 **B** 5 **A** 6 **B**

### PAGES 188-189
La proposition relative et les verbes auxiliaires
1 **B** 2 **A** 3 **B** 4 **B** 5 **B** 6 **B**
1 **B** 2 **A** 3 **B** 4 **B** 5 **B**

### PAGES 189-191
Exercices de traduction
1 **C** 2 **C** 3 **A** 4 **B** 5 **B**
1 **A** 2 **A** 3 **C** 4 **B**

---

**Vous avez obtenu entre 0 et 14 ?** Reprenez chaque question en regardant les endroits où vous avez fait des erreurs.

**Vous avez obtenu entre 15 et 30 ?** C'est très moyen, mais ne vous découragez pas.

**Vous avez obtenu entre 31 et 46 ?** Formidable ! Analysez les erreurs et, si besoin, révisez la ou les notions que vous ne maîtrisez pas complètement.

**Vous avez obtenu 47 et plus ?** 참 잘했어요 ! tcham djalhèssoyô

## Module 21
기초 GITCHÔ

### Focus — La nominalisation des verbes à l'aide de 기 *gi*

*Corrigé page 203*

*Sélectionnez la forme nominalisée correcte.*

1. 걱정하다, s'inquiéter
   - A 걱정하다기
   - B 걱정하기

2. 머리(를) 감다, se laver les cheveux
   - A 머리(를) 감기
   - B 머리(를) 감

3. 관광하다, faire du tourisme
   - A 관광하
   - B 관광하기

4. 그림을 그리다, faire un dessin
   - A 그림을 그림
   - B 그림을 그리기

5. 머리(를) 기르다, se laisser pousser les cheveux
   - A 머리(를) 기르기
   - B 머리(를) 기르는 사람

6. 손톱(을) 깎다, couper les ongles
   - A 손톱(을) 깎기
   - B 깎는 손톱

> **Astuce** En français, on peut utiliser le verbe à l'infinitif comme un nom mais ce n'est pas le cas en coréen. Pour utiliser un verbe en tant que nom, il faut accoler le suffixe 기 **gi** au radical.

### Focus — Les locutions avec le suffixe 기 *gi*

*À partir de la traduction soulignée, sélectionnez l'équivalent correct en coréen.*

1. 기억하다, se souvenir → <u>parce que je m'en souviens</u>
   - A 기억하기 때문에
   - B 기억하는 것

2. 기뻐하다, se réjouir → <u>parce qu'elle se réjouit</u>
   - A 기뻐하기
   - B 기뻐하기 때문에

**Module 21**
기초 GITCHÔ

3. 긴장되다, être tendu, crispé → <u>parce que je suis crispé</u>
   - **A** 긴장되기
   - **B** 긴장되기 때문에

4. 안경을 끼다, porter les lunettes → <u>parce que je porte les lunettes</u>
   - **A** 안경을 끼기 때문에
   - **B** 안경을 끼기 전에

5. 눕다, allonger → <u>avant de s'allonger</u>
   - **A** 눕기 전에
   - **B** 눕기 위해

*Sélectionnez la bonne traduction.*

*Corrigé page 203*

1. 김치를 담그기 위해
   - **A** parce que je fais du kimchi
   - **B** afin de faire du kimchi

2. 선생님이 되기 위해
   - **A** afin de devenir professeur
   - **B** avant de devenir professeur

3. 마치기 전에
   - **A** après avoir terminé
   - **B** avant de terminer

4. 아이를 기르기 위해
   - **A** pour élever les enfants
   - **B** parce que j'élève les enfants

5. 돈을 모으기 위해
   - **A** pour économiser de l'argent
   - **B** parce que j'économise de l'argent

*Complétez les phrases à l'aide de la traduction.*

1. _____ 어려워요, C'est difficile de changer.
   - **A** 바꾸기가
   - **B** 어렵기가

2. _____ 쉬워요, C'est facile à étaler.
   - **A** 만들기가
   - **B** 바르기가

3. _____ 힘들어요, C'est dur de respirer.
   - **A** 말하기가
   - **B** 숨을 쉬기가

# Module 21
## 기초 GITCHÔ

4. \_\_\_\_ 어려워요, C'est difficile à supporter.
- **A** 참기가
- **B** 참다가

5. \_\_\_\_ 쉬워요, C'est facile à enlever.
- **A** 주기가
- **B** 빼기가

**Focus** La nominalisation des verbes à l'aide de 는 것 *neun gos*

*Sélectionnez la forme nominalisée correcte.*

1. 싫어하다, ne pas aimer ➜ ce qu'on n'aime pas
- **A** 싫은 사람
- **B** 싫어하는 것

2. 연습하다, s'entraîner
- **A** 연습한 것
- **B** 연습하는 것

3. 열리다, s'ouvrir ➜ ce qui s'ouvre
- **A** 열린 것
- **B** 열리는 것

4. 산에 올라가다, escalader une montagne
- **A** 산에 올라가는 것
- **B** 산에 올라갈 것

5. 이삿짐을 옮기다, déplacer des cartons de déménagement
- **A** 이삿짐을 옮기는 것
- **B** 이삿짐을 옮긴 것

6. 중요하다, être important ➜ ce qui est important
- **A** 중요함 것
- **B** 중요한 것

**Astuce** La forme (verbe d'action) 는 것 **neun gos** ou (verbe d'état) 은/ㄴ 것 **eun/n gos** accolée au radical sert à nominaliser un verbe, que l'on traduit alors littéralement par *la chose que…, le fait de…*

## Module 21
기초 GITCHÔ

*Retrouvez le verbe à l'infinitif à partir de la locution proposée.*

1. 여는 것, le fait d'ouvrir
   - **A** 열다
   - **B** 여다
2. 몸무게가 주는 것, le fait de perdre du poids
   - **A** 몸무게가 줄다
   - **B** 몸무게가 주다
3. 에어컨 트는 것, le fait d'allumer la climatisation
   - **A** 에어컨을 트다
   - **B** 에어컨을 틀다
4. 스트레스를 푸는 것, le fait d'évacuer le stress
   - **A** 스트레스를 풀다
   - **B** 스트레스를 푼다
5. 우는 것, le fait de pleurer
   - **A** 울다
   - **B** 웃다

> **Astuce** Les verbes dont le radical se termine par la consonne ㄹ l perdent cette dernière lorsqu'on leur accole 는/은 것 **neun/eun gos**.

## Focus  Exercice de traduction

*Sélectionnez la bonne traduction.*

1. 싫어하는 것은 운동하는 거예요.
   - **A** Le sport est bon pour la santé.
   - **B** Il ne fait pas de sport car il n'aime pas ça.
   - **C** Ce que je n'aime pas, c'est faire du sport.
2. 스트레스를 푸는 것에 도움이 됩니다.
   - **A** Je vous aide à vous détendre.
   - **B** Aider quelqu'un à se défouler.
   - **C** Cela aide à se défouler.

Corrigé page 203

## Module 21
### 기초 GITCHÔ

3. 가장 중요한 것을 아세요 ?
   - **A** Qu'est-ce qui est le plus difficile ?
   - **B** Savez-vous ce qui est le plus important ?
   - **C** Que savons-nous d'important ?

   *Corrigé page 203*

4. 할머니께서는 복잡한 것을 아주 싫어하십니다.
   - **A** Ma grand-mère n'aime pas du tout ce qui est compliqué.
   - **B** Ma grand-mère est compliquée et elle n'aime rien.
   - **C** Ma grand-mère aime bien les choses compliquées.

5. 이삿짐 옮기는 것을 도와주세요.
   - **A** Je vous aide à déplacer les cartons de déménagement.
   - **B** On m'aide à déplacer les cartons de déménagement.
   - **C** Aidez-moi à déplacer les cartons de déménagements, s'il vous plaît.

### Focus  La nominalisation des verbes à l'aide de 음 *eum* / ㅁ *m*

*Sélectionnez la forme nominalisée correcte.*

1. 살다, vivre → vie
   - **A** 삶
   - **B** 산 것

2. 죽다, mourir → mort
   - **A** 죽습니다
   - **B** 죽음

3. 잃다, perdre → perte
   - **A** 잃어요
   - **B** 잃음

4. 부지런하다, être diligent → diligence
   - **A** 부지런함
   - **B** 부지런하기 전에

5. 중요하다, être important → importance
   - **A** 중요한 사람
   - **B** 중요함

> **Astuce**  Les suffixes 음 **eum** / ㅁ **m** accolés au radical d'un verbe permettent de transformer un verbe de façon à obtenir un nom.

# Module 21
## 기초 GITCHÔ

**Focus** **Exercice de traduction**

*Sélectionnez la bonne traduction.*

Corrigé page 203

1. 도움이 필요하세요 ?

    **A** Est-ce que j'ai besoin d'aide ?

    **B** Avez-vous besoin d'aide ?

    **C** Pourriez-vous m'aider, s'il vous plaît ?

2. 서로 돕는 것이 중요합니다.

    **A** Il est important qu'on se contacte.

    **B** Il est utile de s'entraîner.

    **C** C'est important de s'entraider.

3. 잘 먹고 잘 자는 것이 중요해요.

    **A** Je mange bien et je dors bien.

    **B** C'est important de bien manger et de bien dormir.

    **C** C'est important de se reposer.

4. 간단함과 복잡함

    **A** simplicité et complexité

    **B** facilité et difficulté

    **C** utilité et importance

5. 간단한 것이 좋으세요 ?

    **A** Préférez-vous ce qui est simple ?

    **B** Pensez-vous que c'est compliqué ?

    **C** Est-ce facile pour vous ?

# Module 21
기초 GITCHÔ

**Focus** — Expressions nominalisées

*Corrigé page 203*

*Complétez la phrase en coréen à l'aide de la traduction en français.*

1. 할머니 ! ____ 주세요, Mamie ! Donne-moi quelque chose de bon, s'il te plaît.
   - **A** 저에게
   - **B** 맛있는 거
   - **C** 그거

2. ____ 저에게 맡기세요, Confiez-moi ce qui est difficile.
   - **A** 어려워요
   - **B** 어려운 건
   - **C** 쉬운 건

3. ____ 좋은 날, le meilleur jour pour se promener
   - **A** 뛰기
   - **B** 소풍가기
   - **C** 산책하기

4. 쥬니는 ____ 할 수 있어요, Juni sait compter (« peut faire le comptage »).
   - **A** 숫자 세기를
   - **B** 쓰기를
   - **C** 숫자 세는 것이

5. 다니는 ____ 할 수 있어요, Dani sait additionner et soustraire (« peut faire l'addition et la soustraction »).
   - **A** 더하다 빼다
   - **B** 더하기와 빼기
   - **C** 더하기 전에

**Noms**

| | |
|---|---|
| 안경 an'gyong | *lunettes* |
| 산 san | *montagne* |
| 이삿짐 isasdjim | *carton de déménagement* |
| 몸무게 mômmougé | *poids* (corps) |
| 에어컨 éok{h}on | *climatisation* |
| 스트레스 seut{h}euléseu | *stress* |
| 도움 dôoum | *aide* |
| 삶 salm | *vie* |
| 죽음 djougeum | *mort* |
| 잃음 ilheum | *perte* |

**Module 21**
단어 DANO

| | | |
|---|---|---|
| 부지런함 | boudjilonham | *diligence* |
| 중요함 | djoung'yôham | *importance* |
| 간단함 | gandanham | *simplicité* |
| 복잡함 | bôgdjabham | *complexité* |
| 숫자 | sousdja | *chiffre* |
| 더하기 | dohagi | *addition* |
| 빼기 | ppègi | *soustraction* |

### Verbes

| | | |
|---|---|---|
| 걱정하다 | gogdjongha-da | *s'inquiéter* |
| 머리를 감다 | molileul gam-da | *se laver les cheveux* |
| 관광하다 | gwan'gwangha-da | *faire du tourisme* |
| 그림을 그리다 | geulimeul geuli-da | *faire un dessin* |
| 머리를 기르다 | molileul gileu-da | *se laisser pousser les cheveux* |
| 깎다 | kkakk-da | *couper* |
| 기억하다 | giogha-da | *se souvenir* |
| 기뻐하다 | gippoha-da | *se réjouir* |
| 긴장되다 | gindjangdwé-da | *être tendu, crispé* |
| 끼다 | kki-da | *porter* (lunettes, lentilles, bague) |
| 눕다 | noub-da | *s'allonger* |
| 김치를 담그다 | gimtchileul dam'geu-da | *faire du kimchi* |
| 마치다 | matchi-da | *terminer* |
| 기르다 | gileu-da | *élever* |
| 돈을 모으다 | dôneul môeu-da | *économiser de l'argent* |
| 바꾸다 | bakkou-da | *changer* |
| 바르다 | baleu-da | *étaler* |

## Module 21
단어 DANO

| | |
|---|---|
| 숨을 쉬다 soumeul swi-da | *respirer* |
| 참다 tcham-da | *supporter* |
| 힘들다 himdeul-da | *être dur* |
| 빼다 ppè-da | *enlever* |
| 싫어하다 silhoha-da | *ne pas aimer* |
| 연습하다 yonseubha-da | *s'entraîner* |
| 열리다 yolli-da | *s'ouvrir* |
| 옮기다 ôlmgi-da | *déplacer* |
| 중요하다 djoung'yôha-da | *être important* |
| 몸무게가 줄다 mômmougéga djoul-da | *perdre du poids* |
| 틀다 tʰeul-da | *allumer* (climatisation, télé, radio...) |
| 스트레스를 풀다 seutʰeuléseuleul pʰoul-da | *se défouler* |
| 도움이 되다 dôoumi dwé-da | *aider* |
| 도와주다 dôwadjou-da | *aider quelqu'un* |
| 죽다 djoug-da | *mourir* |
| 잃다 ilh-da | *perdre* |
| 찾아가다 tchadjaga-da | *visiter* |
| 부지런하다 boudjilonha-da | *être diligent* |
| 서로 돕다 solô dôb-da | *s'entraider* |
| 맡기다 matʰgi-da | *confier* |
| 세다 sé-da | *compter* |
| 더하다 doha-da | *additionner* |
| 빼다 ppè-da | *soustraire* |

# Module 21
## CORRIGÉ

## 기초 gitchô

### PAGE 194
La nominalisation des verbes à l'aide de 기 **gi**
1 **B**  2 **A**  3 **B**  4 **B**  5 **A**  6 **A**

### PAGES 194-196
Les locutions avec le suffixe 기 **gi**
1 **A**  2 **B**  3 **B**  4 **A**  5 **A**
1 **B**  2 **A**  3 **B**  4 **A**  5 **A**
1 **A**  2 **B**  3 **B**  4 **A**  5 **B**

### PAGES 196-197
La nominalisation à l'aide de 는 것 **neun gos**
1 **B**  2 **B**  3 **B**  4 **A**  5 **A**  6 **B**
1 **A**  2 **A**  3 **B**  4 **A**  5 **A**

### PAGES 197-198
Exercice de traduction
1 **C**  2 **C**  3 **B**  4 **A**  5 **C**

### PAGE 198
La nominalisation des verbes à l'aide de 음 **eum** / ㅁ **m**
1 **A**  2 **B**  3 **B**  4 **A**  5 **B**

### PAGE 199
Exercice de traduction
1 **B**  2 **C**  3 **B**  4 **A**  5 **A**

### PAGE 200
Expressions nominalisées
1 **B**  2 **B**  3 **C**  4 **A**  5 **B**

---

**Vous avez obtenu entre 0 et 13 ?** Reprenez chaque question en regardant les endroits où vous avez fait des erreurs.

**Vous avez obtenu entre 14 et 30 ?** C'est très moyen, mais ne vous découragez pas.

**Vous avez obtenu entre 31 et 44 ?** Formidable ! Analysez les erreurs et, si besoin, révisez la ou les notions que vous ne maîtrisez pas complètement.

**Vous avez obtenu 45 et plus ?** 참 잘했어요 ! tcham djalhèssoyô

## Module 22
기초 GITCHÔ

### Focus — Les verbes auxiliaires : l'objet d'un déplacement + présent progressif

*Sélectionnez la bonne formation.*

Corrigé page 212

1. 확인하다, vérifier + 으러/러 가다, aller pour
   - **A** 확인하러 가다
   - **B** 확인하으러 오다

2. 테니스를 치다, jouer au tennis + 으러/러 오다, venir pour
   - **A** 테니스를 치러 오다
   - **B** 테니스를 치다 오다

3. 영화를 촬영하다, tourner un film + 고 있다, être en train de
   - **A** 영화를 촬영하다고 있다
   - **B** 영화를 촬영하고 있다

4. 춤추다, danser + 는 중이다, être en train de
   - **A** 춤추는 중이다
   - **B** 춤추고 있는 중이다

5. 출근하다, aller travailler + 는 중이다, être en train de
   - **A** 출근한 중이다
   - **B** 출근하는 중이다

### Focus — Les verbes auxiliaires : exprimer l'aboutissement

*Sélectionnez le bon verbe auxiliaire à associer à l'amorce de phrase.*

1. 출발해 버리다, finir par partir
   - **A** 어/아 버리다
   - **B** 출발하다

2. 성공하고 말다, finir par réussir
   - **A** 고 말다
   - **B** 지 말다

3. 지켜 내다, enfin arriver à protéger
   - **A** 어/아 내다
   - **B** 지키다

4. 편지를 찢어 버리다, finir par déchirer la lettre
   - **A** 찢어 버리다
   - **B** 어/아 버리다

5. 넘어지고 말다, finir par tomber
   - **A** 고 말다
   - **B** 지고 말다

# Module 22
## 기초 GITCHÔ

**Focus** Les verbes auxiliaires : rendre service à quelqu'un

*Sélectionnez la bonne traduction.*

*Corrigé page 212*

1. acheter un bonbon pour/à (mon fils)
   - **A** 사탕을 사다 주다
   - **B** 사탕을 사 주다

2. lire un livre pour/à (ma grand-mère)
   - **A** 책을 읽어 주다
   - **B** 책을 읽어 드리다

3. couvrir (ma fille) avec une couette
   - **A** 이불을 덮어 주다
   - **B** 이불을 덮어 드리다

4. réparer la télévision pour (mon grand-père)
   - **A** 텔레비전을 고쳐 드리다
   - **B** 텔레비전을 고쳐 주다

5. héler un taxi pour (mes grands-parents)
   - **A** 택시를 잡아 주다
   - **B** 택시를 잡아 드리다

**Astuce** Quand un service rendu s'adresse à des personnes à qui l'on doit s'adresser au mode honorifique (ex. : personne plus âgée, client, supérieur, etc.), il faut employer 어/아 드리다 *o/a deulida* et non 어/아 주다 *o/a djouda*.

*Sélectionnez la bonne formation à l'aide de la traduction.*

1. 할머니께 길을 <u>안내하다</u>, J'ai indiqué le chemin à ma grand-mère.
   - **A** 안내해 줬어요
   - **B** 안내해 드렸어요

2. 외국인 친구에게 길을 <u>안내하다</u>, J'ai indiqué le chemin à un ami étranger.
   - **A** 안내해 드렸습니다
   - **B** 안내해 줬습니다

3. 친구에게 <u>양보하다</u>, Je le cède à un ami.
   - **A** 양보해 줍니다
   - **B** 양보해 드립니다

4. 버스에서 노인에게 자리를 <u>양보하다</u>, Dans le bus, j'ai cédé ma place à une personne âgée.
   - **A** 양보해 드렸습니다
   - **B** 양보하십니다

# Module 22
## 기초 GITCHÔ

5. 아들에게 해외 유학을 <u>권하다</u>, J'ai conseillé à mon fils de faire des études à l'étranger.
   - **A** 권해 드렸어요
   - **B** 권해 주었어요

6. 장모님께 건강식품을 <u>권하다</u>, J'ai conseillé un aliment sain à ma belle-mère.
   - **A** 권하십니다
   - **B** 권해 드렸습니다

### Focus — Les verbes auxiliaires : le causatif

*Sélectionnez la bonne forme.*

*Corrigé page 212*

1. Mes enfants me <u>font rire</u>.
   - **A** 웃게 하다
   - **B** 웃다

2. Ta lettre d'amour me <u>fait pleurer</u>.
   - **A** 울다
   - **B** 울게 만들다

3. Cela <u>m'attriste</u>.
   - **A** 슬프게 하다
   - **B** 슬프다

4. Elle me <u>fait attendre</u>.
   - **A** 기다리게 하다
   - **B** 기다리다

5. Cela <u>m'agace</u>.
   - **A** 귀찮다
   - **B** 귀찮게 하다

> **Astuce** Les verbes auxiliaires 게 하다 **gé hada** ou 게 만들다 **gé mandeulda** accolés à un verbe d'état servent à exprimer la conséquence ; accolés à un verbe d'action, ils servent à exprimer le causatif.

### Focus — Les verbes auxiliaires : exprimer un changement d'état

*Sélectionnez le verbe à infinitif en détachant le verbe auxiliaire.*

1. 이상하게 되었어요, C'est devenu bizarre.
   - **A** 되다
   - **B** 이상하다

**Module 22**
기초 GITCHÔ

2. 키가 커졌어요, J'ai grandi. (litt. « je suis devenu grand ») (stature)
   - **A** 키가 크다
   - **B** 키가 컸다

3. 날씬해졌어요, J'ai minci. (litt. « je suis devenu mince »)
   - **A** 날씬하지다
   - **B** 날씬하다

4. 뚱뚱해졌어요, J'ai grossi. (litt. « je suis devenu gros »)
   - **A** 뚱뚱하지다
   - **B** 뚱뚱하다

5. 귀가 빨개졌어요, Mes oreilles ont rougi. (litt. « mes oreilles sont devenus rouges »)
   - **A** 귀가 빨갛다
   - **B** 귀가 빨가지다

**Astuce** Les verbes auxiliaires 게 되다 **gé dwéda** ou 어/아지다 **o/adjida** accolés à un verbe d'état servent à exprimer un changement d'état.

### Focus Les verbes auxiliaires : exprimer la supposition

*À l'aide de la traduction, remettez les mots dans le bon ordre.*

1. 보여요, 빵이, 부드러워, Ce pain semble moelleux.
   - **A** 빵이 부드러워 보이다.
   - **B** 부드러워 빵이 보여요.

2. 보입니다, 사람이, 위험해, 저, Cette personne là-bas me paraît dangereuse.
   - **A** 저 사람이 위험해 보입니다
   - **B** 저 위험해 사람이 보입니다.

3. 안전해, 아이가, 보입니다, L'enfant a l'air d'être en sécurité.
   - **A** 아이가 안전해 보입니다.
   - **B** 안전해 아이가 보입니다.

4. 보여, 아빠가, 어려, 많이, Mon papa a l'air très jeune.
   - **A** 아빠가 보여 많이 어려.
   - **B** 아빠가 많이 어려 보여.

5. 피곤해, 친구가, 보였어요, Ma copine m'a paru fatiguée.
   - **A** 친구가 보였어요.
   - **B** 친구가 피곤해 보였어요.

# Module 22
기초 GITCHÔ

> **Astuce** Le verbe auxiliaire 어/아 보이다 **o/a bôida** accolé à un verbe d'état sert à exprimer la supposition, ex. : *sembler, avoir l'air, paraître*.

## Focus Les verbes auxiliaires : exprimer un état

*Sélectionnez la bonne traduction.*

1. 화나 있다
   - **A** être en colère
   - **B** se fâcher

2. 서 있다
   - **A** être assis
   - **B** rester debout

3. 켜 있다
   - **A** être éteint
   - **B** rester allumé

4. 살아 있다
   - **A** être en train d'acheter
   - **B** être vivant

5. 누워 있다
   - **A** s'allonger
   - **B** rester allongé

> **Astuce** Le verbe auxiliaire 어/아 있다 **o/a issda** sert à exprimer un état.

## Focus Questions/Réponses

*Pour chaque question, sélectionnez la bonne réponse.*

Corrigé page 212

1. 뭐 하는 중이에요 ?
   - **A** 일하는 중이에요.
   - **B** 출근하고 싶어요.
   - **C** 일하게 만들었어요.

2. 할머니 생신에 뭘 해 드릴까요 ?
   - **A** 생신 축하드립니다.
   - **B** 저에게 목도리를 사 주세요.
   - **C** 따듯한 목도리를 사 드릴까요 ?

**Module 22**
기초 GITCHÔ

3. 그 사람이 착해 보여 ?

   **A** 아니, 착해 보여.

   **B** 응, 착하고 따뜻해 보여.

   **C** 응, 착해졌어.

*Corrigé page 212*

4. 문이 열려 있어 ?

   **A** 아니, 닫혀 있어.

   **B** 문을 열어 줘.

   **C** 응, 문을 열게 해.

5. 아기가 아직도 자고 있어요 ?

   **A** 네, 먹는 중이에요.

   **B** 아니요, 아까부터 깨어 있어요.

   **C** 네, 깨어 있어요.

## Focus   Exercice de traduction

*Sélectionnez la bonne traduction.*

1. 우리 결혼해요. 행복하게 해 줄게요.

   **A** Je vous félicite pour votre mariage. Soyez heureux.

   **B** On se marie. Je vais te rendre heureux.

   **C** Je me marie. Je suis heureux.

   **D** Félicitation pour le mariage. Vous paraissez très heureux.

2. 가격표가 붙어 있습니다.

   **A** J'affiche l'étiquette du prix.

   **B** dernière démarque

   **C** La réduction est déjà appliquée.

   **D** L'étiquette de prix est affichée.

3. 거짓말하면 피오키오처럼 코가 길어져요.

   **A** Le nez de Pinocchio n'est pas long car il n'a pas menti.

   **B** Ton nez va s'allonger.

   **C** Lorsqu'on ment, notre nez s'allonge, comme celui de Pinocchio.

   **D** Le nez de Pinocchio s'est allongé car il a menti.

**Module 22**
단어 DANO

4. 괜찮아 ? 많이 피곤해 보여.

- **A** Ça va, toi ? Moi, je suis très fatigué.
- **B** Ça va ? Tu parais très fatigué.
- **C** Ça va ? Il me fatigue.
- **D** Ça va ? C'est très fatigant.

## Noms

| | |
|---|---|
| 테니스 t$^h$éniseu | *tennis* |
| 택시 t$^h$ègsi | *taxi* |
| 버스 boseu | *bus* |
| 노인 nôin | *personne âgée* |
| 해외 hèwé | *(pays) étranger* |
| 유학 youhag | *études dans une autre région* |
| 장모님 djangmônim | *mère de l'épouse* |
| 건강식품 gon'gangsigp$^h$oum | *aliment sain* |
| 귀 gwi | *oreille* |
| 생신 sèngsin | *anniversaire* (honorifique) |
| 목도리 môgdôli | *écharpe* |
| 가격표 gagyogp$^h$yô | *étiquette de prix* |
| 거짓말 godjismal | *mensonge* |
| 피노키오 p$^h$inôk$^h$iô | *Pinocchio* |

## Adverbes, particules

| | |
|---|---|
| 아직도 adjigdô | *encore* |
| 아까부터 akkabout$^h$o | *depuis tout à l'heure* |
| 처럼 tcholom | *comme* |

## Verbes

| | |
|---|---|
| 확인하다 hwaginha-da | *vérifier* |
| 치다 tchi-da | *jouer* (tennis, badminton) |
| 촬영하다 tchalyongha-da | *tourner* (film) |

## Module 22
단어 DANO

| | | |
|---|---|---|
| 춤추다 | tchoumtchou-da | *danser* |
| 출근하다 | tchoulgeunha-da | *aller travailler* |
| 성공하다 | songgôngha-da | *réussir* |
| 찢다 | tsidj-da | *déchirer* |
| 넘어지다 | nomodji-da | *tomber* |
| 덮다 | dopʰ-da | *(se) couvrir* |
| 잡다 | djab-da | *héler* (taxi) |
| 안내하다 | annèha-da | *guider*, *indiquer* |
| 양보하다 | yangbôha-da | *céder* |
| 권하다 | gwonha-da | *conseiller* |
| 귀찮다 | gwitchanh-da | *être agaçant* |
| 이상하다 | isangha-da | *être bizarre*, *étrange, anormal* |
| 키가 크다 | kʰiga kʰeu-da | *être grand* (stature) |
| 날씬하다 | nalssinha-da | *être mince* |
| 뚱뚱하다 | ttoungttoungha-da | *être gros* |
| 부드럽다 | boudeulob-da | *être doux* (au toucher) / *moelleux* |
| 위험하다 | wihomha-da | *être dangereux* |
| 안전하다 | andjonha-da | *être en sécurité* |
| 어리다 | oli-da | *être jeune* |
| 화나다 | hwana-da | *se mettre en colère, se fâcher* |
| 서다 | so-da | *se tenir debout* |
| 닫히다 | dadhi-da | *se fermer* |
| 깨다 | kkè-da | *se réveiller* |
| 붙다 | boutʰ-da | *coller* |
| 붙어 있다 | boutʰo iss-da | *être collé, s'afficher, être affiché* |
| 거짓말하다 | godjismalha-da | *mentir* |
| 길어지다 | gilodji-da | *s'allonger* |
| 괜찮다 | gwèntchanh-da | *aller bien* |

## Module 22
CORRIGÉ

## 기초 gitchô

VOTRE SCORE :

**PAGE 204**
Les verbes auxiliaires : l'objet d'un déplacement + présent progressif
1 Ⓐ  2 Ⓐ  3 Ⓑ  4 Ⓐ  5 Ⓑ

Les verbes auxiliaires : exprimer l'aboutissement
1 Ⓐ  2 Ⓐ  3 Ⓐ  4 Ⓑ  5 Ⓐ

**PAGES 205-206**
Les verbes auxiliaires : rendre service à quelqu'un
1 Ⓑ  2 Ⓑ  3 Ⓐ  4 Ⓐ  5 Ⓑ
1 Ⓑ  2 Ⓑ  3 Ⓐ  4 Ⓐ  5 Ⓑ  6 Ⓑ

**PAGE 206**
Les verbes auxiliaires : le causatif
1 Ⓐ  2 Ⓑ  3 Ⓐ  4 Ⓐ  5 Ⓑ

**PAGES 206-207**
Les verbes auxiliaires : exprimer un changement d'état
1 Ⓑ  2 Ⓐ  3 Ⓑ  4 Ⓑ  5 Ⓐ

**PAGE 207**
Les verbes auxiliaires : exprimer la supposition
1 Ⓐ  2 Ⓐ  3 Ⓐ  4 Ⓑ  5 Ⓑ

**PAGE 208**
Les verbes auxiliaires : exprimer un état
1 Ⓐ  2 Ⓑ  3 Ⓑ  4 Ⓑ  5 Ⓑ

**PAGES 208-209**
Questions/Réponses
1 Ⓐ  2 Ⓒ  3 Ⓑ  4 Ⓐ  5 Ⓑ

**PAGES 209-210**
Exercice de traduction
1 Ⓑ  2 Ⓓ  3 Ⓒ  4 Ⓑ

---

**Vous avez obtenu entre 0 et 13 ?** Reprenez chaque question en regardant les endroits où vous avez fait des erreurs.
**Vous avez obtenu entre 14 et 30 ?** C'est très moyen, mais ne vous découragez pas.
**Vous avez obtenu entre 31 et 44 ?** Formidable ! Analysez les erreurs et, si besoin, révisez la ou les notions que vous ne maîtrisez pas complètement.
**Vous avez obtenu 45 et plus ?** 참 잘했어요 ! tcham djalhèssoyô

# Module 23
기초 GITCHÔ

## Focus  Le futur

*Mettez la phrase au futur suivant le registre de langue demandé (élément souligné = verbe à l'infinitif).*

1. 내년에 <u>졸업하다</u>, Je vais terminer mes études l'année prochaine. (style poli)

   **A** 졸업할 거예요.   **B** 졸업할 겁니다.   **C** 졸업할 거야.

2. 이따가 <u>퇴근하다</u>, Je vais quitter le bureau tout à l'heure. (style familier)

   **A** 퇴근할 겁니다.   **B** 퇴근할 거예요.   **C** 퇴근할 거야.

3. 휴가 때 어디서 <u>지내다</u> ?, Où est-ce que vous allez passer vos vacances ? (style ultra formel)

   **A** 지낼 겁니까 ?   **B** 지낼 거예요 ?   **C** 지낼 거야 ?

4. 조금 후에 <u>인터뷰하다</u>, On va vous interviewer dans deux minutes. (style ultra formel)

   **A** 인터뷰할 거예요.   **B** 인터뷰할 겁니다.   **C** 인터뷰할 거야.

5. 노트에 무엇을 <u>적다</u> ?, Qu'est-ce que vous allez noter dans votre cahier ? (style poli)

   **A** 적을 겁니까 ?   **B** 적을 거야 ?   **C** 적을 거예요 ?

> **Astuce** Le verbe auxiliaire 을/ㄹ 것이다 **eul/l gosida** sert à exprimer le futur dont voici les différentes formes selon les registres de langue : 을/ㄹ 겁니다 **eul/l gobnida** au style ultra formel ; 을/ㄹ 거예요 **eul/l goyéyô** au style poli ; 을/ㄹ 거야 **eul/l goya** au style familier.

*Sélectionnez la bonne formation de la partie verbale soulignée.*

1. 널 <u>잊다 + 지 않다 + 을/ㄹ게(요)</u>, Je ne vais pas t'oublier. (style familier)

   **A** 잊을게.   **B** 잊지 않을게.

2. 기쁜 소식을 <u>전하다 + 을/ㄹ게(요)</u>, Je vais vous annoncer une bonne nouvelle. (style poli)

   **A** 전할게요.   **B** 전할 거예요.

3. <u>이해하다 + 을/ㄹ게(요)</u>, Je te comprendrai. (style familier)

   **A** 이해할게.   **B** 이해하겠어.

Corrigé page 225

## Module 23
기초 GITCHÔ

4. 저녁 식사 후에 책가방을 싸다 + 을/ㄹ게(요), Je vais préparer mon cartable après le dîner. (style poli)

- **A** 쌀게요.
- **B** 쌀 거예요.

5. 배고프니까 우리는 피자 시키다 + 을/ㄹ게(요), Nous allons commander une pizza car nous avons faim. (style familier)

- **A** 시킬 거야.
- **B** 시킬게.

**Astuce** La forme 을/ㄹ게요 **eul/lgéyô** (style poli) ou 을/ㄹ게 **eul/lgé** (style familier) sert également à exprimer le futur. Elle ne s'emploie qu'à la première personne (*je, nous*) et seulement à la forme déclarative.

### Focus Exprimer l'intention

*Complétez la phrase à l'aide de la traduction.*

Corrigé page 225

1. 세일하니까 ____, Comme ce sont les soldes, je vais faire du shopping. (style familier)

- **A** 일할래.
- **B** 쇼핑할래.

2. 땀이 많이 났어. ____, J'ai beaucoup transpiré. Je vais prendre une douche. (style familier)

- **A** 쇼핑할래.
- **B** 샤워할래.

3. 여름 방학에 ____, Je veux (« faire ») un petit boulot pendant les vacances d'été. (style poli)

- **A** 운동할래요.
- **B** 아르바이트할래요.

4. 가까우니까 ____, Je vais marcher car c'est proche. (style poli)

- **A** 걸어갈래요.
- **B** 뛸래요.

5. 겨울 방학 동안에 한국어를 ____, Je veux apprendre le coréen pendant les vacances d'hiver. (style familier)

- **A** 배울래.
- **B** 만날래.

**Astuce** La forme 을/ㄹ래요 **eul/llèyô** (style poli) ou 을/ㄹ래 **eul/llè** (style familier) sert à exprimer une intention, un projet. C'est en quelques sortes une forme de futur.

**Module 23**
기초 GITCHÔ

**Focus** Espérer que...

*Sélectionnez les phrases correctes construites à l'aide des éléments fournis.*

1. 잡다, 으면/면 좋겠다, 경찰, 도둑, J'espère que la police attrapera le voleur.
   - **A** 경찰을 도둑이 잡으면 좋겠어요.
   - **B** 경찰이 도둑을 잡았으면 좋겠어요.
   - **C** 경찰이 되면 좋겠어요.

   *Corrigé page 225*

2. 안, 오다, 비, 으면/면 좋겠다, J'espère qu'il ne pleut pas.
   - **A** 비가 안 왔으면 좋겠어.
   - **B** 비가 오면 안 좋겠어.
   - **C** 안 오면 비가 좋겠어.

3. 으면/면 좋겠다, 감정, 표현하다, J'espère que tu exprimes tes sentiments.
   - **A** 감정했으면 좋겠어.
   - **B** 표현했으면 감정이 좋겠어.
   - **C** 감정을 표현했으면 좋겠어.

4. 해결하다, 문제, 이, 먼저, 으면/면 좋겠다, Dans un premier temps, j'espère qu'on résoudra ce problème.
   - **A** 문제였으면 좋겠습니다.
   - **B** 먼저 해결할 문제입니다.
   - **C** 먼저 이 문제를 해결했으면 좋겠습니다.

5. 으면/면 좋겠다, 지 않다, 포기하다, J'espère que tu n'abandonnes pas.
   - **A** 포기하면 좋겠어.
   - **B** 좋지 않겠어.
   - **C** 포기하지 않았으면 좋겠어.

## Module 23
기초 GITCHÔ

**Focus** Émettre une possibilité, donner son avis

*Sélectionnez la phrase correcte correspondant aux éléments soulignés de la traduction.*

1. Pour ce Seollal, je pense que <u>je devrais certainement aller chez mes parents</u>.
   - **A** 설날이에요. 고향에 가고 싶어요.
   - **B** 이번 설날에는 고향에 꼭 내려가야겠어요.
   - **C** 이번 설날에는 고향에 가지 않을 거예요.

   *Corrigé page 225*

2. Êtes-vous gravement blessé ? <u>Je pense qu'il faut aller à l'hôpital.</u>
   - **A** 많이 다쳤어요 ? 병원에 가야겠어요.
   - **B** 많이 다쳤어요 ? 병원에 가세요.
   - **C** 많이 다쳤어요 ? 병원에 같이 가 줄게요.

3. Oh ! Le magasin est fermé. <u>Je pense qu'on doit rentrer.</u>
   - **A** 아 ! 가게가 문을 닫았어요. 돌아갑시다.
   - **B** 아 ! 가게가 문을 닫았어요. 돌아가세요.
   - **C** 아 ! 가게가 문을 닫았어요. 돌아가야겠어요.

4. J'ai un rendez-vous d'affaires très important. <u>Je pense mettre une cravate.</u>
   - **A** 아주 중요한 미팅이 있어요. 넥타이를 매세요.
   - **B** 아주 중요한 미팅이 있어요. 넥타이를 매겠습니다.
   - **C** 아주 중요한 미팅이 있어요. 넥타이를 매야겠어요.

5. Mes baskets sont trop sales. <u>Je pense que je dois les laver.</u>
   - **A** 운동화가 너무 더러워요. 빨아야겠어요.
   - **B** 운동화가 너무 더러워요. 빨아 주세요.
   - **C** 운동화가 너무 더러워요. 빨아 드릴게요.

**Astuce** Le verbe auxiliaire 어/아야겠다 **o/ayagéssda** sert à exprimer une possibilité ou à donner son avis, déduit de la phrase précédente.

## Module 23
기초 GITCHÔ

**Focus** Exprimer la supposition

*Corrigé page 225*

*Sélectionnez la traduction correcte de la supposition énoncée.*

1. 어제 밤새 눈이 왔어요, Hier il a neigé pendant la nuit. → Je crois que tout sera enneigé dehors.

   **A** 밖에 눈이 쌓였겠어요.   **C** 눈이 쌓였으면 좋겠어요.
   **B** 눈이 안 왔으면 좋겠어요.   **D** 밖에 나가고 싶어요.

2. 저는 회계사예요, Je suis comptable. → Vous avez certainement fait des études de comptabilité.

   **A** 회계학을 전공했어요.   **C** 회계학을 전공하고 싶어요.
   **B** 회계학을 전공하세요.   **D** 회계학을 전공했겠어요.

3. 깜깜한 집에 혼자 있었어요, J'étais seul dans une maison très sombre. → Je crois que vous avez dû avoir peur.

   **A** 무서웠어요.   **C** 무서웠겠어요.
   **B** 무서워요.   **D** 무서울 겁니다.

4. 고춧가루가 많이 들어있었어요, Il y avait beaucoup de piment. → Je crois que ça devait être pimenté.

   **A** 맵습니다.   **C** 맵지 않았어요.
   **B** 매웠겠어요.   **D** 매워서 좋아요.

**Astuce** Le verbe auxiliaire 었/았겠다 **oss/assgéssda** sert à exprimer la supposition.

*Sélectionnez la traduction correcte de la phrase énoncée.*

1. 성격이 밝다, avoir un caractère jovial → Juni a l'air d'un garçon jovial.

   **A** 쥬니는 성격이 밝은 것 같아요.   **B** 쥬니는 기쁜 것 같아요.

2. 비싸다, être cher → J'ai l'impression que les frais de transport à Séoul sont plus chers.

   **A** 서울은 교통비가 싼 것 같습니다.   **B** 서울은 교통비가 비싼 것 같습니다.

# Module 23
## 기초 GITCHÔ

3. 심하다, être grave → J'ai l'impression que c'était grave.
   - **A** 심한 것 같았어요.
   - **B** 심했어요.

4. 까다롭다, être exigeant → Il me semble que c'est plus exigeant qu'on pense.
   - **A** 생각 보다 까다로운 것 같아.
   - **B** 생각 보다 까다로웠어요.

5. 관계없다, n'avoir aucun rapport → J'ai l'impression qu'il n'y a aucun rapport.
   - **A** 관계없는 사람이야.
   - **B** 관계없는 것 같아.

> **Astuce** Le verbe auxiliaire 은/ㄴ 것 같다 **eun/n gos gatʰda** s'emploie avec un verbe d'état et il sert également à exprimer la supposition. Lorsque le radical du verbe d'état se termine par 있 **iss** ou 없 **obs**, on emploie la forme 는 것 같다 **neun gos gatʰda**.

*Sélectionnez la bonne forme verbale avec l'aide de la traduction.*

1. 누나가 오늘 ___, Je pense que ma grande sœur s'est maquillée aujourd'hui.
   - **A** 화장한 것 같아.
   - **B** 화장했어요.

2. 출발 시간이 벌써 ___, Il me semble que l'heure de départ est déjà passée.
   - **A** 지난 것 같아요.
   - **B** 지났어요.

3. 엄마가 벌써 저녁을 ___, J'ai l'impression que maman a déjà préparé le dîner.
   - **A** 차린 것 같아.
   - **B** 차리셨어요.

4. 작년에 일자리를 ___, Il me semble qu'il a trouvé un emploi l'année dernière.
   - **A** 찾았어요.
   - **B** 찾은 것 같습니다.

5. 지난봄에 집을 ___, Je pense qu'on a fait construire la maison au printemps dernier.
   - **A** 찾을 거예요.
   - **B** 지은 것 같아요.

> **Astuce** Le verbe auxiliaire 은/ㄴ 것 같다 **eun/n gos gatʰda** s'emploie avec un verbe d'action et il sert à exprimer la supposition au passé.

# Module 23
## 기초 GITCHÔ

*Avec l'aide de la traduction, sélectionnez la bonne forme verbale qui remplace la forme à l'infinitif entre parenthèses.*

1. 지금 (정하다+ 어/아야 하다) 것 같아요, Je pense qu'il faut prendre une décision maintenant.

   **A** 정한   **B** 정하야 하다   **C** 정해야 하는   **D** 정하야

2. 내년에 (졸업하다) 것 같습니다, Il me semble qu'il va terminer ses études l'année prochaine.

   **A** 졸업한   **B** 졸업할   **C** 졸업하다   **D** 졸업해

3. 다니는 영어를 (잘하다) 것 같아요, J'ai l'impression que Dani va bien maîtriser l'anglais.

   **A** 잘한   **B** 잘하는   **C** 잘하겠   **D** 잘할

4. 직장과 먼 곳으로 (이사하다) 것 같다, Je pense qu'on va déménager loin du travail.

   **A** 이사할   **B** 이사한   **C** 이사했   **D** 이사하겠

5. 재판에 대해 (이야기하다) 것 같습니다, Il me semble qu'on parle d'un procès.

   **A** 이야기한   **B** 이야기할   **C** 이야기하는   **D** 이야기했

**Astuce** Le verbe auxiliaire 는 것 같다 **neun gos gat$^h$da** sert à exprimer la supposition au présent alors que 을/ㄹ 것 같다 **l/eul gos gat$^h$da** sert à l'exprimer au futur.

## Focus  Exercice de traduction

*Sélectionnez la traduction correcte.*

Corrigé page 225

1. 배가 너무 아파서 움직일 수 없을 것 같아요.

   **A** J'ai très mal au ventre car j'ai beaucoup bougé.

   **B** Je ne veux pas bouger car j'ai trop faim.

   **C** Je ne bouge pas car j'ai trop faim.

   **D** Je pense que je ne pourrai pas bouger car j'ai trop mal au ventre.

## Module 23
### 기초 GITCHÔ

2. 티셔츠가 아빠에게 잘 어울리면 좋겠어요.

   **A** Je pense que le t-shirt va très bien à papa.

   **B** Ce t-shirt te va très bien, papa.

   **C** J'espère que ce t-shirt va bien à papa.

   **D** Mon papa met souvent ce t-shirt.

3. 네, 엄마. 테이블 위에 올려놓을게요.

   **A** Oui, maman. Je vais le poser sur la table.

   **B** Maman ! Pose-le sur la table, s'il te plaît.

   **C** Oui, maman va le poser sur la table.

   **D** Je le pose sur la table de maman.

4. 이리 와. 엄마가 안아 줄게.

   **A** Viens ici, maman. Je te prends dans mes bras.

   **B** Viens ici. Je (maman) te prends dans mes bras.

   **C** Maman me prend dans ses bras.

   **D** Maman ! Je veux que tu me prennes dans tes bras.

### Noms

| | | |
|---|---|---|
| 휴가 | hyouga | *congé* |
| 때 | ttè | *moment, en période de* |
| 후 | hou | *dans, après* |
| 노트 | nôtʰeu | *cahier* |
| 너 | no | *tu, te, toi* |
| 소식 | sôsig | *nouvelle, information* |
| 저녁 | djonyog | *soir* |
| 식사 | sigsa | *repas* |

## Module 23
단어 DANO

| | | |
|---|---|---|
| 책가방 tchèggabang | | cartable |
| 우리 ouli | | nous |
| 피자 pʰidja | | pizza |
| 방학 banghag | | vacances scolaires |
| 겨울 gyo'oul | | hiver |
| 동안 dông'an | | pendant |
| 경찰 gyongtchal | | police |
| 도둑 dôdoug | | voleur |
| 감정 gamdjong | | sentiment |
| 설날 solnal | | Seollal (Nouvel An lunaire) |
| 고향 gôhyang | | pays natal |
| 병원 byong'won | | hôpital |
| 가게 gagé | | magasin |
| 미팅 mitʰing | | rendez-vous d'affaires |
| 넥타이 nègtʰa'i | | cravate |
| 회계사 hwégyésa | | comptable |
| 회계학 hwégyéhag | | études de comptabilité |
| 혼자 hôndja | | seul |
| 고춧가루 gôtchousgalou | | piment en poudre |
| 성격 songgyog | | caractère (personnalité) |
| 교통비 gyôtʰôngbi | | frais de transport |
| 생각 sènggag | | pensée |
| 시간 sigan | | heure |
| 저녁 djonyog | | dîner |
| 일자리 ildjali | | emploi, poste |
| 지난봄 djinanbôm | | printemps dernier |

## Module 23
단어 DANO

| | | |
|---|---|---|
| 직장 | djigdjang | *lieu de travail* |
| 재판 | djèpʰan | *procès, audience* |
| 티셔츠 | tʰisyotcheu | *t-shirt* |
| 테이블 | tʰéible | *table* |
| 위 | wi | *dessus* |

### Adverbes, locutions, adjectifs

| | | |
|---|---|---|
| 보다 | bôda | *plus* |
| 밤새 | bamsè | *pendant la nuit* |
| ...에 대해(서) | é dèhè(so) | *concernant..., à propos de...* |
| 이리 | ili | *par ici* |

### Verbes

| | | |
|---|---|---|
| 졸업하다 | djôlobha-da | *terminer ses études* |
| 퇴근하다 | tʰwégeunha-da | *quitter le bureau* |
| 인터뷰하다 | intʰobyouha-da | *interviewer* |
| 적다 | djog-da | *noter* |
| 잊다 | idj-da | *oublier* |
| 전하다 | djonha-da | *transmettre, informer* |
| 이해하다 | ihèha-da | *comprendre* |
| 싸다 | ssa-da | *préparer* (sac, bagage) |
| 시키다 | sikʰi-da | *commander* (nourriture) |
| 쇼핑하다 | shyôpʰingha-da | *faire du shopping* |
| 땀이 나다 | ttami na-da | *transpirer* |
| 샤워하다 | syawoha-da | *prendre une douche* |
| 아르바이트하다 aleuba'itʰeuha-da | | *faire un petit boulot* |

# Module 23
단어 DANO

| | | |
|---|---|---|
| 가깝다 | gakkab-da | *être proche* |
| 걸어가다 | gologa-da | *aller à pied* |
| 잡다 | djab-da | *attraper, arrêter* |
| 비가 오다 | biga ô-da | *pleuvoir* |
| 표현하다 | pʰyôhyonha-da | *exprimer* |
| 해결하다 | hègyolha-da | *résoudre* |
| 포기하다 | pʰôgiha-da | *abandonner, renoncer* |
| 내려가다 | nèlyoga-da | *descendre* (dans le sud), *retourner dans sa région natale* |
| 문을 닫다 | moneul dad-da | *fermer* (magasin, établissement) |
| 돌아가다 | dôlaga-da | *retourner* |
| 매다 | mè-da | *nouer* (cravate) |
| 빨다 | ppal-da | *laver* (vêtement, chaussures) |
| 눈이 오다 | nouni ô-da | *neiger* |
| 눈이 쌓이다 | nouni ssahi-da | *être enneigé* |
| 전공하다 | djon'gôngha-da | *faire des études de* |
| 깜깜하다 | kkamkkamha-da | *être obscur* |
| 들어있다 | deuloiss-da | *contenir, comprendre* |
| 밝다 | balg-da | *être jovial* |
| 비싸다 | bissa-da | *être cher* (prix) |
| 심하다 | simha-da | *être grave* |
| 까다롭다 | kkadalôb-da | *être exigeant* |
| 관계없다 | gwan'gyéobs-da | *ne pas être concerné* |
| 화장하다 | hwadjangha-da | *se maquiller* |
| 지나다 | djina-da | *passer* (temps) |
| 차리다 | tchali-da | *préparer* (repas) |

**Module 23**
단어 DANO

| | |
|---|---|
| 찾다 tchadj-da | *trouver* |
| 짓다 djis-da | *construire* |
| 정하다 djongha-da | *fixer* (sujet, date, etc.) |
| 잘하다 djalha-da | *maîtriser* (travail, langue, étude) |
| 이사하다 isaha-da | *déménager* |
| 이야기하다 iyagiha-da | *converser* |
| 움직이다 oumdjigi-da | *bouger* |
| 어울리다 o'oulli-da | *bien aller avec* (un vêtement) |
| 올려놓다 ôllyonôh-da | *poser dessus* |
| 안다 an-da | *prendre dans ses bras* |

# Module 23
## CORRIGÉ

## 기초 gitchô

### PAGES 213-214
Le futur
1 **A** 2 **C** 3 **A** 4 **B** 5 **C**
1 **B** 2 **A** 3 **A** 4 **A** 5 **B**

### PAGE 214
Exprimer l'intention
1 **B** 2 **B** 3 **B** 4 **A** 5 **A**

### PAGE 215
Espérer que...
1 **B** 2 **A** 3 **C** 4 **C** 5 **C**

### PAGE 216
Émettre une possibilité, donner son avis
1 **B** 2 **A** 3 **C** 4 **C** 5 **A**

### PAGES 217-219
Exprimer la supposition
1 **A** 2 **D** 3 **C** 4 **B**
1 **A** 2 **B** 3 **A** 4 **A** 5 **B**
1 **A** 2 **A** 3 **A** 4 **B** 5 **B**
1 **C** 2 **B** 3 **D** 4 **A** 5 **C**

### PAGES 219-220
Exercice de traduction
1 **D** 2 **C** 3 **A** 4 **B**

---

**Vous avez obtenu entre 0 et 12 ?** Reprenez chaque question en regardant les endroits où vous avez fait des erreurs.

**Vous avez obtenu entre 13 et 25 ?** C'est très moyen, mais ne vous découragez pas.

**Vous avez obtenu entre 26 et 38 ?** Formidable ! Analysez les erreurs et, si besoin, révisez la ou les notions que vous ne maîtrisez pas complètement.

**Vous avez obtenu 39 et plus ?** 참 잘했어요 ! tcham djalhèssoyô

## Module 24
기초 GITCHÔ

### Focus — La voix passive et le suffixe 이

*Transformez la phrase à la voix passive.*

**Corrigé page 236**

1. 재료를 섞다, mélanger les ingrédients
   - **A** 재료가 섞이다
   - **B** 재료를 섞는다

2. 산과 바다를 보다, regarder la montagne et la mer
   - **A** 산과 바다에게 보이다
   - **B** 산과 바다가 보이다

3. 광고에 한국어를 쓰다, utiliser la langue coréenne dans la publicité
   - **A** 광고에 한국어를 썼다
   - **B** 광고에 한국어가 쓰이다

4. 반을 나누다, diviser la classe
   - **A** 반이 나눈다
   - **B** 반이 나뉘다

5. 블록을 쌓다, empiler des cubes
   - **A** 블록이 쌓이다
   - **B** 블록을 쌓이다

> **Astuce** Pour formuler une phrase à la voix passive, lorsque la dernière lettre du radical du verbe se termine par la consonne ㅎ **h**, ㄲ **kk**, ㅍ **pʰ**, il faut alors ajouter le suffixe 이 **i**.

### Focus — La voix passive et le suffixe 히

*Sélectionnez la bonne traduction.*

1. La police a arrêté le voleur.
   - **A** 경찰이 도둑을 잡았습니다.
   - **B** 경찰을 도둑이 잡았습니다.
   - **C** 경찰이 도둑을 잡힙니다.

2. Le voleur a été arrêté par la police.
   - **A** 경찰이 도둑에게 잡혔습니다.
   - **B** 도둑이 경찰에게 잡혔습니다.
   - **C** 경찰이 도둑을 잡았습니다.

**Module 24**
기초 GITCHÔ

3. J'ai arraché un cheveu blanc.
   - **A** 흰 머리카락이 뽑았어요.
   - **B** 흰 머리카락을 뽑았어요.
   - **C** 흰 머리카락을 뽑을 겁니다.

4. Un cheveu blanc a été arraché.
   - **A** 흰 머리카락을 뽑았어요.
   - **B** 흰 머리카락이 뽑혔어요.
   - **C** 흰 머리카락을 뽑겠어요.

5. Maman a marché sur les pieds de papa sans le faire exprès.
   - **A** 아빠 발이 실수로 엄마를 밟았어요.
   - **B** 아빠 발이 밟혔어요.
   - **C** 엄마가 실수로 아빠 발을 밟았어요.

6. On a marché sur les pieds de papa. (« les pieds de papa est marchés »)
   - **A** 아빠 발이 밟혔어요.
   - **B** 아빠 발을 밟고 싶어요.
   - **C** 아빠가 발을 밟았어요.

*Corrigé page 236*

**Astuce** Pour formuler une phrase à la voix passive, lorsque la dernière lettre du radical du verbe se termine par la consonne ㅂ **b**, ㄱ **g**, ㄷ **d**, ㅈ **dj**, il faut alors ajouter le suffixe 히 **hi**.

### Focus  La voix passive et le suffixe 리

*Sélectionnez la bonne forme passive.*

1. 뚫다, percer → être percé
   - **A** 뚫는다   **B** 뚫히다   **C** 뚫리다   **D** 뚫습니다

2. 듣다, écouter → être entendu
   - **A** 들리다   **B** 듣리다   **C** 들기다   **D** 들히다

## Module 24
기초 GITCHÔ

Corrigé page 236

3. 풀다, détacher → être détaché

   **A** 풀리다   **B** 풀었다   **C** 풀기다   **D** 풀르다

4. 밀다, pousser → être poussé

   **A** 밀었다   **B** 밀기다   **C** 밀히다   **D** 밀리다

5. 끌다, traîner → être traîné

   **A** 끕니다   **B** 끌리다   **C** 끌르다   **D** 끌기다

**Astuce** Pour formuler une phrase à la voix passive, lorsque la dernière lettre du radical du verbe se termine par la consonne ㅀ **lh**, ㄷ **d**, ㄹ **l**, il faut alors ajouter le suffixe 리 **li**.

### Focus La voix passive et le suffixe 기

*Complétez la phrase à l'aide de la traduction.*

1. 문을 _____, Je verrouille la porte.

   **A** 잠가요.   **B** 잠겨요.

2. 문이 _____, La porte est verrouillée.

   **A** 잠겼어요.   **B** 잠가요.

3. 엄마가 아기를 _____, La maman prend son bébé dans les bras.

   **A** 안깁니다.   **B** 안습니다.

4. 아기가 엄마에게 _____, Le bébé est pris dans les bras par la maman.

   **A** 안습니다.   **B** 안겼습니다.

5. 사냥꾼이 토끼를 _____, Le chasseur pourchasse le lapin.

   **A** 쫓습니다.   **B** 쫓깁니다.

6. 토끼가 사냥꾼에게 _____, Le lapin est pourchassé par le chasseur.

   **A** 쫓습니다.   **B** 쫓깁니다.

**Astuce** Pour formuler une phrase à la voix passive, lorsque la dernière lettre du radical du verbe se termine par la consonne ㅁ **m**, ㄴ **n**, ㅅ **s**, ㅊ **tch**, il faut alors ajouter le suffixe 히 **hi**.

# Module 24
기초 GITCHÔ

## Focus La voix passive et 되다

*Sélectionnez la bonne traduction à l'aide de la traduction.*

Corrigé page 236

1. Les frais d'envoi <u>sont compris</u>.
   - **A** 포함했습니다.
   - **B** 포함되었습니다.

2. C'<u>est commandé</u>.
   - **A** 주문되었습니다.
   - **B** 주문했습니다.

3. Le spectacle <u>a commencé</u>.
   - **A** 시작하겠습니다.
   - **B** 시작됐어요.

4. Le repas <u>est préparé</u>.
   - **A** 준비했습니다.
   - **B** 준비됐어요.

5. La chambre <u>est nettoyée</u>.
   - **A** 청소되었습니다.
   - **B** 청소합니다.

**Astuce** Certains noms accolés au verbe 하다 **hada**, *faire*, forment un verbe. Pour obtenir la version passive de ces formations, il faut remplacer 하다 **hada** par 되다 **dwéda**, ex. : 요리 **yôli**, *cuisine* + 하다 **hada**, *faire* = 요리하다 **yôlihada**, *cuisiner* ; 요리 **yôli**, *cuisine* + 되다 **dwéda**, *devenir* = 요리되다 **yôlidwéda**, *être cuisiné*.

## Focus La voix passive et 받다

*Complétez la phrase à l'aide de la traduction.*

1. _____ 싶어요, J'ai besoin d'être aimé. (« je veux être aimé »)
   - **A** 사랑받고
   - **B** 사랑하고

2. _____ 인물, personnage honoré
   - **A** 존경받는
   - **B** 존경받다

3. _____ 싶지 않아요, Je ne veux pas qu'on me force. («... être forcé »)
   - **A** 강요하고
   - **B** 강요받고

4. 언제 _____ ?, Quand avez-vous été informé ?
   - **A** 연락받았어요
   - **B** 연락했어요

## Module 24
기초 GITCHÔ

*Corrigé page 236*

5. 벌써 _____, C'est déjà déclaré.

   **A** 신고하겠습니다      **B** 신고받았습니다

> **Astuce** Certains noms accolés au verbe 하다 **hada**, *faire*, forment un verbe. Pour obtenir la version passive de ces formations, il faut remplacer 하다 **hada** par 받다 **badda**, ex. : 사랑 **salang**, *amour* + 하다 **hada**, *faire* = 사랑하다 **salanghada**, *aimer* ; 사랑 **salang**, *amour* + 받다 **badda**, *recevoir* = 사랑받다 **salangbadda**, *être aimé*.

### Focus La voix passive et 어/아지다

*Sélectionnez la bonne traduction.*

1. 가방에 휴대 전화가 없어요.

   **A** Il n'y a pas de téléphone portable dans mon sac.

   **B** Il n'y a pas de sac de téléphone portable.

   **C** Mon téléphone portable a disparu.

2. 뭐라고요 ? 휴대 전화가 없어졌다고요 ?

   **A** Pardon ? Il n'y a plus de téléphone ?

   **B** Pardon ? Le téléphone portable a disparu ?

   **C** Pardon ? Y a-t-il mon téléphone portable dans ton sac ?

3. 책이 찢어졌어요.

   **A** Je déchire un livre.

   **B** On déchire un livre.

   **C** Le livre est déchiré.

4. 촛불이 왜 꺼졌어요 ?

   **A** Pourquoi on éteint la bougie ?

   **B** Pourquoi la bougie est éteinte ?

   **C** Comment on éteint la bougie ?

# Module 24
## 기초 GITCHÔ

5. 공원에 버려진 쓰레기

   **A** parc où j'ai trouvé le déchet

   **B** déchet que j'ai abandonné au parc

   **C** déchet abandonné au parc

Corrigé page 236

**Astuce** Le verbe auxiliaire 어/아지다 **o/adjida** sert à exprimer la voix passive, ex. : 버리 **boli** (버리다 **bolida**, *abandonner*) + 어지다 = 버려지다 **bolyodjida**, *être abandonné*.

### Focus La formation de la voix passive

*Sélectionnez la formation correcte à la voix passive.*

1. 묻히다 + 었/았 + 어요, C'est enterré.

   **A** 묻했어요.　　　**B** 묻혔어요.

2. 환영받다 + 고 싶다 + 으시/시 + 어요 ?, Avez-vous envie d'être bien accueilli ?

   **A** 환영하세요 ?　　　**B** 환영받고 싶으세요 ?

3. 취소되다 + 었/았 + 어, C'est annulé.

   **A** 취소됐어.　　　**B** 취소했어.

4. 열리다 + 었/았 + 습니까 ?, Est-ce ouvert ?

   **A** 열렸습니까 ?　　　**B** 열리셨습니까 ?

5. 사인되다 + 었/았 + 습니다, C'est signé.

   **A** 사인받았습니다.　　　**B** 사인되었습니다.

*Sélectionnez la forme correcte à la voix passive.*

1. être exporté

   **A** 수출하다　**B** 수출이다　**C** 수입되다　**D** 수출되다

2. être connecté

   **A** 연결하다　**B** 연결되다　**C** 연결합니다　**D** 연결이다

## Module 24
### 기초 GITCHÔ

3. être réparé
   - **A** 고치다
   - **B** 고장나다
   - **C** 고쳐지다
   - **D** 고쳤다

4. être lavé
   - **A** 씻었다
   - **B** 씻기다
   - **C** 씻다
   - **D** 씻는다

5. être utilisé
   - **A** 이용되다
   - **B** 이용하다
   - **C** 이용이다
   - **D** 이용한다

6. être changé
   - **A** 바꾸다
   - **B** 바꾼다
   - **C** 바뀌다
   - **D** 밖이다

### Focus  Exercice de traduction

*Sélectionnez la bonne traduction.*

Corrigé page 236

1. 언제 결정되었습니까 ?
   - **A** Quand est-ce qu'il s'est décidé ?
   - **B** Quand avez-vous pris la décision ?
   - **C** Quand allez-vous décider ?
   - **D** Qui a pris cette décision ?

2. 생각이 잘 표현된 것 같아요.
   - **A** J'exprime bien mes idées.
   - **B** Je pense que je les ai bien exprimés.
   - **C** Je pense que les idées sont bien exprimées.
   - **D** Je pense qu'il s'exprime bien.

3. 빨리 해결되었으면 좋겠어요.
   - **A** Je vais vite les régler.
   - **B** Les problèmes sont vite résolus.
   - **C** Je veux savoir quand les problèmes vont se résoudre.
   - **D** J'espère que cela se résoudra vite.

**Module 24**
단어 DANO

4. 언제 지어진 건물입니까 ?

   **A** Quand avez-vous construit cet immeuble ?

   **B** C'est un immeuble construit en quelle année ?

   **C** Quand fera-t-on construire l'immeuble ?

   **D** Qui a construit cet immeuble ?

## Noms

| | |
|---|---|
| 재료 djèlyô | *ingrédient* |
| 광고 gwang'gô | *publicité* |
| 블록 beullôg | *cube (jouet)* |
| 머리카락 molikʰalag | *cheveux* |
| 발 bal | *pied(s)* |
| 사냥꾼 sanyangkkoun | *chasseur* |
| 촛불 tchôsboul | *flamme de bougie* |
| 건물 gonmoul | *immeuble* |

## Particule, locution, adjectif

| | |
|---|---|
| 에게 égé | *par quelqu'un* |
| 흰 hwin | *blanc* |
| 실수로 silsoulô | *par erreur* |

## Verbes

| | |
|---|---|
| 섞다 sokk-da | *mélanger* |
| 쓰다 sseu-da | *utiliser* |
| 나누다 nanou-da | *diviser* |
| 쌓다 ssah-da | *empiler* |

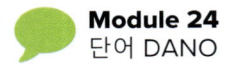

## Module 24
단어 DANO

| | |
|---|---|
| 뽑다 bbôb-da | *arracher* |
| 밟다 balb-da | *marcher sur* |
| 뚫다 ttoulh-da | *percer* |
| 풀다 pʰoul-da | *détacher* |
| 끌다 kkeul-da | *traîner* |
| 잠그다 djam'geu-da | *verrouiller* |
| 쫓다 tsôtch-da | *pourchasser* |
| 포함하다 pʰôhamha-da | *comprendre* |
| 포함되다 pʰôhamdwé-da | *être compris (dans)* |
| 주문되다 djoumoundwé-da | *être commandé* |
| 시작하다 sidjagha-da | *commencer* |
| 시작되다 sidjangdwé-da | *être commencé* |
| 준비되다 djounbidwé-da | *être préparé* |
| 청소되다 tchongsôdwé-da | *être nettoyé* |
| 사랑받다 salangbad-da | *être aimé* |
| 존경하다 djôn'gyongha-da | *honorer quelqu'un* |
| 존경받다 djôn'gyongbad-da | *être honoré* |
| 강요하다 gang'yôha-da | *imposer* |
| 강요받다 gang'yôbad-da | *être imposé* |
| 연락받다 yonlagbad-da | *être contacté, informé* |
| 신고하다 sin'gôha-da | *déclarer* |
| 신고받다 sin'gôbad-da | *être déclaré* |
| 없어지다 obsodji-da | *être disparu* |
| 찢어지다 tsidjodji-da | *être déchiré* |
| 꺼지다 kkodji-da | *être éteint* |
| 버려지다 bolyodji-da | *être abandonné* |

# Module 24
단어 DANO

| | |
|---|---|
| 묻히다 moudhi-da | *être enterré* |
| 환영받다 hwan'yongbad-da | *être bien accueilli* |
| 취소되다 tchwisôdwé-da | *être annulé* |
| 열리다 yolli-da | *être ouvert* |
| 사인되다 sa'indwé-da | *être signé* |
| 수출되다 soutchoulha-da | *être exporté* |
| 연결되다 yon'gyoldwé-da | *être connecté* |
| 고쳐지다 gôtchyodji-da | *être réparé* |
| 씻기다 ssisgi-da | *être lavé* |
| 이용되다 iyôngdwé-da | *être utilisé* |
| 바뀌다 bakkwi-da | *être changé* |
| 결정되다 gyoldjongdwé-da | *être décidé* |
| 표현되다 pʰhyondwé-da | *être exprimé* |
| 해결되다 hègyoldwé-da | *être résolu* |
| 지어지다 djiodji-da | *être construit, bâti* |

## Module 24
### CORRIGÉ

## 기초 gitchô

**PAGE 226**
La voix passive et le suffixe 이
1 **A**  2 **B**  3 **B**  4 **B**  5 **A**

**PAGES 226-227**
La voix passive et le suffixe 히
1 **A**  2 **B**  3 **B**  4 **B**  5 **C**  6 **A**

**PAGES 227-228**
La voix passive et le suffixe 리
1 **C**  2 **A**  3 **A**  4 **D**  5 **B**

**PAGE 228**
La voix passive et le suffix 기
1 **A**  2 **A**  3 **B**  4 **A**  5 **A**  6 **B**

**PAGE 229**
La voix passive et 되다
1 **B**  2 **A**  3 **B**  4 **B**  5 **A**

**PAGES 229-230**
La voix passive et 받다
1 **A**  2 **A**  3 **B**  4 **A**  5 **B**

**PAGES 230-231**
La voix passive et 어/아지다
1 **A**  2 **B**  3 **C**  4 **B**  5 **C**

**PAGES 231-232**
La formation de la voix passive
1 **B**  2 **B**  3 **A**  4 **A**  5 **B**
1 **D**  2 **B**  3 **C**  4 **B**  5 **A**  6 **C**

**PAGES 232-233**
Exercice de traduction
1 **A**  2 **C**  3 **D**  4 **B**

---

**Vous avez obtenu entre 0 et 13 ?** Reprenez chaque question en regardant les endroits où vous avez fait des erreurs.

**Vous avez obtenu entre 14 et 30 ?** C'est très moyen, mais ne vous découragez pas.

**Vous avez obtenu entre 31 et 44 ?** Formidable ! Analysez les erreurs et, si besoin, révisez la ou les notions que vous ne maîtrisez pas complètement.

**Vous avez obtenu 45 et plus ?** 참 잘했어요 ! tcham djalhèssoyô

# Module 25
## 기초 GITCHÔ

### Focus 집, « la maison », et 가족, « la famille »

*Sélectionnez le mot qui n'a pas de lien avec le thème donné.*

1. 거실
   - **A** 에어컨
   - **B** 청소기
   - **C** 소파
   - **D** 오토바이

2. 방
   - **A** 자전거
   - **B** 침대
   - **C** 책상
   - **D** 책장

3. 주방
   - **A** 냉장고
   - **B** 전자레인지
   - **C** 식탁
   - **D** 신발

4. 남자
   - **A** 할머니
   - **B** 남동생
   - **C** 삼촌
   - **D** 할아버지

5. 여자
   - **A** 여동생
   - **B** 형
   - **C** 이모
   - **D** 아내

### Focus 인간, « l'être humain », et 옷, « les vêtements »

*Trouvez le mot approprié pour compléter la liste.*

Corrigé page 247

1. 어깨-팔-손-____
   - **A** 장갑
   - **B** 손가락
   - **C** 남동생

2. 다리-발-____
   - **A** 발가락
   - **B** 손가락
   - **C** 삼촌

3. 아기-어린이-____
   - **A** 엄마
   - **B** 아빠
   - **C** 어른

4. 코트-티셔츠-스웨터-블라우스-____
   - **A** 친구
   - **B** 자켓
   - **C** 학교

5. 청바지-치마-반바지-____
   - **A** 바지
   - **B** 도서관
   - **C** 거실

## Module 25
기초 GITCHÔ

**Focus** 구입, « les achats », et 운동, « le sport »

*Complétez la phrase à l'aide de l'intrus.*

Corrigé page 247

1. 야채 가게에서 ____ 을/를 사요.
   - **A** 호박
   - **B** 당근
   - **C** 감자
   - **D** 술

2. 과일 가게에서 ____ 을/를 사요.
   - **A** 고기
   - **B** 딸기
   - **C** 사과
   - **D** 수박

3. 식당에서 ____ 을/를 주문해요.
   - **A** 불고기
   - **B** 양말
   - **C** 김밥
   - **D** 떡볶이

4. 커피숍에서 ____ 을/를 마셔요.
   - **A** 차
   - **B** 주스
   - **C** 김밥
   - **D** 음료수

5. 운동장에서 ____ 을/를 해요.
   - **A** 농구
   - **B** 공부
   - **C** 축구
   - **D** 야구

**Focus** 신체, « le corps »

*Complétez la phrase avec le mot adapté.*

1. ____에 눈, 코, 입이 있어요.
   - **A** 손
   - **B** 발
   - **C** 얼굴

2. 슬퍼요. 눈에서 ____이 나요.
   - **A** 콧물
   - **B** 눈물
   - **C** 침

3. 감기에 걸렸어요. 코에서 ____이 나요.
   - **A** 콧물
   - **B** 눈물
   - **C** 침

4. 귀에는 귀걸이, 목에는____.
   - **A** 귀걸이
   - **B** 목걸이
   - **C** 반지

5. 배고파요. 입에 ____이 고여요.
   - **A** 피
   - **B** 콧물
   - **C** 침

# Module 25
## 기초 GITCHÔ

### Focus 동사, « les verbes »

*Sélectionnez le verbe en lien avec les mots donnés.*

1. 신발, 양말, 구두
   - **A** 자다
   - **B** 쓰다
   - **C** 신다

2. 안경, 모자, 우산
   - **A** 쓰다
   - **B** 마시다
   - **C** 하다

3. 반지, 장갑
   - **A** 하다
   - **B** 끼다
   - **C** 신다

4. 거울, 책, 텔레비전
   - **A** 하다
   - **B** 쓰다
   - **C** 보다

5. 자전거, 차, 버스, 스키, 비행기, 오토바이
   - **A** 타다
   - **B** 하다
   - **C** 끼다

### Focus 장소, « les lieux »

*Sélectionnez le lieu qui correspond à la définition.*

Corrigé page 247

1. 여기에서 책을 읽고 공부해요.
   - **A** 도서관
   - **B** 운동장

2. 여기에서 소포를 찾아요.
   - **A** 도서관
   - **B** 우체국

3. 여기에서 감기약을 구입해요.
   - **A** 회사
   - **B** 약국

4. 여기에서 맥주, 과자, 세제를 구입해요.
   - **A** 슈퍼마켓
   - **B** 약국

5. 여기에서 머리를 잘라요.
   - **A** 미용실
   - **B** 과일 가게

# Module 25
기초 GITCHÔ

## Focus — 직업, « les métiers »

*Sélectionnez le métier qui correspond à la définition.*

1. 버스를 운전합니다.
   - **A** 기자
   - **B** 운전기사
   - **C** 가수

2. 환자를 돌봅니다.
   - **A** 간호사
   - **B** 선생님
   - **C** 가수

3. 신문 기사를 작성합니다.
   - **A** 기사
   - **B** 기자
   - **C** 은행원

4. 무대에서 노래를 부릅니다.
   - **A** 간호사
   - **B** 어른
   - **C** 가수

5. 나라를 지킵니다.
   - **A** 군인
   - **B** 가수
   - **C** 회사원

## Focus — 계절, « les saisons »

*Sélectionnez la saison qui correspond à la définition.*

1. 바다로 휴가를 떠나요.
   - **A** 봄
   - **B** 여름
   - **C** 가을
   - **D** 겨울

2. 산으로 스키를 타러 가요.
   - **A** 봄
   - **B** 여름
   - **C** 가을
   - **D** 겨울

3. 날씨가 서늘해요. 낙엽이 지는 계절이에요.
   - **A** 봄
   - **B** 여름
   - **C** 가을
   - **D** 겨울

4. 겨울이 지났어요. 꽃이 피는 계절이에요.
   - **A** 봄
   - **B** 장마
   - **C** 계절
   - **D** 오늘

5. 비가 많이 오는 장마가 시작돼요.
   - **A** 산
   - **B** 여름
   - **C** 바다
   - **D** 계절

Corrigé page 247

**Module 25**
기초 GITCHÔ

**Focus** 동물, « les animaux »

*Sélectionnez la traduction correcte.*

1. Le veau est le petit de la vache.
   - **A** 소는 송아지의 새끼예요.
   - **B** 송아지는 소의 새끼예요.
   - **C** 닭의 새끼는 병아리예요.

Corrigé page 247

2. La poule pond des œufs.
   - **A** 닭은 알을 낳아요.
   - **B** 알이 닭을 낳아요.
   - **C** 닭은 알이 많아요.

3. Il y a une poule et des poussins dans le poulailler.
   - **A** 닭장에 닭과 병아리가 있어요.
   - **B** 돼지가 돼지우리에 있어요.
   - **C** 송아지가 닭장에 있어요.

4. La poule est un oiseau mais elle ne peut pas voler.
   - **A** 닭은 날고 싶어요.
   - **B** 닭은 새이고 날 수 있어요.
   - **C** 닭은 새이지만 날 수 없어요.

5. La chienne donne naissance au chiot.
   - **A** 개를 강아지가 낳아요.
   - **B** 개는 강아지를 낳아요.
   - **C** 개와 강아지가 있어요.

# Module 25
단어 DANO

**Focus** 위치, « le positionnement »

*Corrigé page 247*

*Sélectionnez le contraire.*

1. 안
   - **A** 지금
   - **B** 밖
   - **C** 내일

2. 위
   - **A** 아래
   - **B** 왼쪽
   - **C** 오른쪽

3. 왼쪽
   - **A** 위
   - **B** 아래
   - **C** 오른쪽

4. 앞
   - **A** 안
   - **B** 밖
   - **C** 뒤

5. 겉
   - **A** 왼쪽
   - **B** 속
   - **C** 오른쪽

## Noms

| | |
|---|---|
| 거실 gosil | (salle de) séjour |
| 청소기 tchongsôgi | aspirateur |
| 소파 sôpʰa | canapé |
| 방 bang | chambre |
| 침대 tchimdè | lit |
| 책장 tchègdjang | bibliothèque (meuble) |
| 주방 djoubang | cuisine (lieu) |
| 전자레인지 djondjaléindji | micro-onde |
| 식탁 sigtʰag | table |
| 남자 namdja | homme (garçon) |
| 삼촌 samtchôn | oncle |
| 이모 imô | tante maternelle |
| 아내 anè | épouse |

# Module 25
단어 DANO

| | |
|---|---|
| 인간 in'gan | *humain* |
| 어깨 okkè | *épaule* |
| 팔 pʰal | *bras* |
| 손가락 sôn'galag | *doigt* |
| 발가락 balgalag | *orteil* |
| 어린이 olini | *enfant* |
| 어른 oleun | *adulte* |
| 코트 kʰôtʰeu | *manteau* |
| 스웨터 seuwétʰo | *pull* |
| 블라우스 beulla'ouseu | *chemisier* |
| 자켓 djakʰés | *veste* |
| 청바지 tchongbadji | *jean* |
| 치마 tchima | *jupe* |
| 반바지 banbadji | *short* |
| 바지 badji | *pantalon* |
| 구입 gou'ib | *achat* |
| 야채 가게 yatchè gagé | *primeur* |
| 호박 hôbag | *courgette* |
| 당근 danggeun | *carotte* |
| 감자 gamdja | *pomme de terre* |
| 딸기 ttalgi | *fraise* |
| 수박 soubag | *pastèque* |
| 불고기 boulgôgi | *bulgogi* (bœuf mariné à la sauce soja) |
| 김밥 gimbab | *kimbap* (riz roulé dans une feuille d'algue) |
| 떡볶이 ttogbôkki | *tteokbokki* (galette de riz sautée à base de pâte de piment) |
| 커피숍 kʰopʰisyôb | *café* (lieu) |
| 차 tcha | *thé* |

## Module 25
### 단어 DANO

| | |
|---|---|
| 음료수 eumlyôsou | *boisson* |
| 운동장 oundôngdjang | *cour (de récréation), stade* |
| 농구 nônggou | *basketball* |
| 축구 tchouggou | *football* |
| 야구 yagou | *baseball* |
| 신체 sintché | *corps* |
| 눈 noun | *œil* |
| 입 ib | *bouche* |
| 눈물 nounmoul | *larme* |
| 감기 gam'gi | *rhume* |
| 콧물 kʰôsmoul | *morve* |
| 침 tchim | *salive* |
| 귀걸이 gwigoli | *boucle d'oreille* |
| 목걸이 môggoli | *collier* |
| 침 tchim | *salive* |
| 동사 dôngsa | *verbe* |
| 구두 goudou | *chaussure de ville* |
| 우산 ousan | *parapluie* |
| 반지 bandji | *bague* |
| 장갑 djanggab | *gant* |
| 거울 go'oul | *miroir* |
| 텔레비전 tʰéllébidjon | *télévision* |
| 스키 seukʰi | *ski* |
| 비행기 bihènggi | *avion* |
| 오토바이 ôtʰôba'i | *moto* |
| 도서관 dôsogwan | *bibliothèque* (lieu) |
| 소포 sôpʰô | *colis* |
| 우체국 outchégoug | *poste* |

## Module 25
## 단어 DANO

| 감기약 gam'giyag | *médicament contre le rhume* |
| 약국 yaggoug | *pharmacie* |
| 맥주 mègdjou | *bière* |
| 과자 gwadja | *gâteau* |
| 세제 sédjé | *détergent* |
| 슈퍼마켓 syouphomakhés | *supermarché* |
| 미용실 miyôngsil | *salon de coiffure* |
| 운전기사 oundjon'gisa | *chauffeur* |
| 간호사 ganhôsa | *infirmier* |
| 신문 기사 sinmoun gidja | *article de journal* |
| 기자 gidja | *journaliste* |
| 은행원 eunhèng'won | *banquier* |
| 무대 moudè | *scène, podium* |
| 가수 gasou | *chanteur* |
| 군인 gounin | *soldat* |
| 봄 bôm | *printemps* |
| 가을 ga'eul | *automne* |
| 휴가 hyouga | *vacances* |
| 낙엽 nagyob | *feuille morte* |
| 장마 djangma | *mousson* |
| 송아지 sông'adji | *veau* |
| 소 sô | *bœuf* |
| 새끼 sèkki | *petit* (des animaux) |
| 닭 dalg | *poule/coq* |
| 알 al | *œuf* |
| 닭장 dalgdjang | *poulailler* |
| 돼지 dwèdji | *cochon* |
| 돼지우리 dwèdjiouli | *porcherie* |

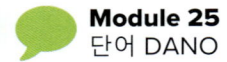

## Module 25
### 단어 DANO

| | |
|---|---|
| 새 sè | oiseau |
| 개 gè | chien |
| 강아지 gang'adji | chiot |
| 위치 witchi | positionnement |
| 안 an | intérieur |
| 위 wi | dessus |
| 아래 alè | dessous |
| 왼쪽 wéntsôg | gauche |
| 오른쪽 ôleuntsôg | droite |
| 앞 ap$^h$ | devant |
| 뒤 dwi | derrière |
| 겉 got$^h$ | extérieur |
| 속 sôg | intérieur |

### Verbes

| | |
|---|---|
| 감기에 걸리다 gamgié golli-da | être enrhumé |
| 침이 고이다 tchimi gôi-da | saliver |
| 찾다 tchadj-da | retirer |
| 구입하다 gou'ibha-da | acheter |
| 돌보다 dôlbô-da | s'occuper |
| 작성하다 djagsongha-da | rédiger |
| 노래를 부르다 nôlèleul bouleu-da | chanter |
| 스키를 타다 seuk$^h$ileul t$^h$a-da | faire du ski |
| 서늘하다 soneulha-da | être frais (temps) |
| 지다 dji-da | tomber (feuille morte) |
| 낳다 nah-da | donner naissance |

# Module 25
## CORRIGÉ

VOTRE SCORE :

## 기초 gitchô

**PAGE 237**

집, *la maison,* et 가족, *la famille*
1 **D**  2 **A**  3 **D**  4 **A**  5 **B**

인간, *l'être humain,* et 옷, *les vêtements*
1 **B**  2 **A**  3 **C**  4 **B**  5 **A**

**PAGE 238**

구입, *les achats,* et 운동, *le sport*
1 **D**  2 **A**  3 **B**  4 **C**  5 **B**

신체, *le corps*
1 **C**  2 **B**  3 **A**  4 **B**  5 **C**

**PAGE 239**

동사, *les verbes*
1 **C**  2 **A**  3 **B**  4 **C**  5 **A**

장소, *les lieux*
1 **A**  2 **B**  3 **B**  4 **A**  5 **A**

**PAGE 240**

직업, *les métiers*
1 **B**  2 **A**  3 **B**  4 **C**  5 **A**

계절, *les saisons*
1 **B**  2 **D**  3 **C**  4 **A**  5 **B**

**PAGE 241**

동물, *les animaux*
1 **B**  2 **A**  3 **B**  4 **C**  5 **B**

**PAGE 242**

위치, *le positionnement*
1 **B**  2 **A**  3 **C**  4 **C**  5 **B**

---

**Vous avez obtenu entre 0 et 13 ?** Reprenez chaque question en regardant les endroits où vous avez fait des erreurs.

**Vous avez obtenu entre 14 et 30 ?** C'est très moyen, mais ne vous découragez pas.

**Vous avez obtenu entre 31 et 44 ?** Formidable ! Analysez les erreurs et, si besoin, révisez la ou les notions que vous ne maîtrisez pas complètement.

**Vous avez obtenu 45 et plus ?** 참 잘했어요 ! **tcham djalhèssoyô**

# Module 26
기초 GITCHÔ

### Focus — Les particules de coordination

*À l'aide de la traduction, sélectionnez la bonne particule afin de compléter la phrase.*

1. 친구_____ 영화를 봤어요, J'ai regardé un film avec un ami.
   - **A** 그리고
   - **B** 가
   - **C** 이랑
   - **D** 하고

2. 늑대_____ 사자 이야기, l'histoire d'un loup et d'un lion
   - **A** 와
   - **B** 가
   - **C** 이랑
   - **D** 과

3. 엄마_____ 아빠_____ 백화점에 가요, Je vais au grand magasin avec maman et papa.
   - **A** 이랑
   - **B** 랑
   - **C** 그리고
   - **D** 그러나

4. 소금_____ 설탕이 필요해요, J'ai besoin de sel et de sucre.
   - **A** 와
   - **B** 과
   - **C** 랑
   - **D** 도

5. 피자_____ 햄버거 중에 뭐 먹을래 ?, Qu'est-ce que tu veux manger, entre la pizza et le burger ?
   - **A** 이랑
   - **B** 과
   - **C** 그리고
   - **D** 하고

> **Astuce** 하고 **hagô**, 이랑/랑 **ilang/lang**, 과/와 **gwa/wa** accolés à un nom signifient *avec* ou *et*.

### Focus — Les particules spéciales (마다 « chaque », 만 « seulement », 도 « même »)

*Sélectionnez la bonne traduction en faisant attention à la particule.*

1. Dani va skier chaque hiver.
   - **A** 다니는 겨울에도 스키를 타요.
   - **B** 다니는 겨울마다 스키를 타러 가요.
   - **C** 다니는 겨울에만 스키를 타러 가요.

2. Dépêchez-vous. Il ne reste qu'une place.
   - **A** 서두르세요. 한 자리만 남았어요.
   - **B** 서두르세요. 한 자리도 있어요.
   - **C** 서두르세요. 한 자리만 없어요.

**Module 26**
기초 GITCHÔ

3. Comme j'ai mal aux dents, je ne peux que boire de l'eau.

   **A** 이가 아파서 물만 마실 수 있어요.

   **B** 이가 아파서 물을 마실 수 있어요.

   **C** 이가 아파서 물도 마실 수 있어요.

   *Corrigé page 257*

4. Vous travaillez même le dimanche ?

   **A** 일요일만 일하세요 ?

   **B** 일요일 밖에 일을 안 하세요 ?

   **C** 일요일에도 일하세요 ?

5. Juni ne parle ni japonais ni italien.

   **A** 쥬니는 일본어도 이탈리아어도 못해요.

   **B** 쥬니는 일본어와 이탈리아어도 해요.

   **C** 쥬니는 일본어만 하고 이탈리아어는 못해요.

### Focus — Les particules spéciales (처럼 « comme », 보다 (더) « plus que », 만큼 « autant », 도, « aussi »)

*Sélectionnez la bonne traduction.*

1. 새처럼 날고 싶어요.

   **A** Je veux voler comme un oiseau.

   **B** Je vole comme oiseau.

   **C** Je vole mieux qu'un oiseau.

2. 쥬니는 엄마보다 수영을 잘 합니다.

   **A** Juni nage comme sa maman.

   **B** Juni nage aussi bien que sa maman.

   **C** Juni nage mieux que sa maman.

**Module 26**
기초 GITCHÔ

3. 아빠만큼 크고 싶어요.

   **A** Je veux que mon papa soit grand.

   **B** Je veux être aussi grand que mon papa.

   **C** Il est grand comme mon papa.

4. 다니도 자건거를 탈 수 있습니다.

   **A** Dani ne peut pas faire de vélo.

   **B** Dani peut faire de la trottinette et du vélo aussi.

   **C** (Comme Juni) Dani aussi, elle peut faire du vélo.

5. 다니는 자전거도 탈 수 있습니다.

   **A** (Comme Juni) Dani aussi, elle peut faire du vélo.

   **B** Dani sait faire du roller et de la trottinette.

   **C** Dani peut aussi faire du vélo.

### Focus 거나, 이나/나, « ou »

*Choisissez la bonne forme avec l'aide des propositions.*

1. (샌드위치 ou 케이크)를 먹고 싶어요.

   **A** 샌드위치나 케이크      **B** 샌드위치랑 케이크

2. (호박 ou 양파)를 넣으세요.

   **A** 호박과 양파      **B** 호박이나 양파

3. 심심할 때는 (만화책을 읽다 ou 게임을 하다).

   **A** 만화책을 읽거나 게임을 해요.   **B** 만화책을 읽고 게임을 해요.

4. 지금 (오다 ou 안 오다) ?

   **A** 오고 안 올 거야 ?      **B** 올 거야 ? 안 올 거야 ?

5. 졸릴 때는 (커피를 마시다 ou 양치질하다).

   **A** 커피를 마시거나 양치질을 하세요.   **B** 커피를 마시면서 양치질을 하세요.

# Module 26
기초 GITCHÔ

**Astuce** 거나 **gona** accolé à un radical verbal, 이나/나 **ina/na** accolé à un nom, signifient *ou*. Enchaîner deux questions (ex. : *Tu viens ? (ou) Tu viens pas ?*) permet également de sous-entendre la présence de ce *ou*.

## Focus   L'ordre chronologique

*Trouvez la phrase qui respecte l'ordre des actions.*

*Corrigé page 257*

1. 손을 씻다 ➔ 간식을 먹다
   - **A** 손을 씻지 않고 간식을 먹어요.
   - **B** 손을 씻은 후에 간식을 먹어요.
   - **C** 간식을 먹은 후에 손을 씻어요.
   - **D** 손을 씻기 전에 간식을 먹어요.

2. 식사하다 ➔ 커피를 마시다
   - **A** 식사한 후에 커피를 마십니다.
   - **B** 식사하기 전에 커피를 마십니다.
   - **C** 식사하면 커피를 마십니다.
   - **D** 커피를 마신 후 식사합니다.

3. 숙제를 하다 ➔ 자다
   - **A** 숙제를 하기 전에 자요.
   - **B** 잔 후에 숙제를 해요.
   - **C** 자기 전에 숙제를 해요.
   - **D** 숙제를 하면서 자요.

4. 만나다 ➔ 떠나다
   - **A** 만나기 전에 떠나고 싶어요.
   - **B** 만나면서 떠나요.
   - **C** 떠난 후에 만나고 싶어요.
   - **D** 떠나기 전에 만나고 싶어요.

**Astuce** Les formes 기 전에 **gi djoné**, *avant de*, 은/ㄴ 후에 **eun/n houé**, *après*, s'accolent à un radical verbal et servent à identifier l'ordre chronologique.

## Focus   La forme adverbiale

*Complétez la phrase à l'aide de la forme adaptée du verbe entre parenthèses.*

1. 왜 머리를 (짧다) 잘랐어요 ?
   - **A** 짧고
   - **B** 짧게
   - **C** 짧습니다

## Module 26
기초 GITCHÔ

2. 소금을 (적다) 넣으세요.
   - **A** 적게
   - **B** 적으니
   - **C** 적고

3. 어제 밤에 (늦다) 잤어요.
   - **A** 늦은
   - **B** 늦으면서
   - **C** 늦게

4. 잘 안 들려요. (크다) 말해 주세요.
   - **A** 크게
   - **B** 큰
   - **C** 크는

5. 동창들과 (신나다) 놀았어요.
   - **A** 신나게
   - **B** 신난
   - **C** 신나고

**Astuce** Le suffixe 게 **gé** accolé à un radical verbal sert à le transformer en adverbe.

**Focus** 기 때문에 « parce que », 을/ㄹ 때 « lorsque, quand »

*Mettez les éléments entre parenthèse à la forme adaptée pour compléter la phrase.*

1. (눈이 오다) 때문에 길이 미끄러워요.
   - **A** 눈이 오기
   - **B** 눈이 오니까

2. (아기) 때문에 뛸 수 없어요. Je ne peux pas courir à cause du bébé.
   - **A** 아기이기
   - **B** 아기

3. (아기이다) 때문에 뛸 수 없어요. Il ne peut pas courir car c'est un bébé.
   - **A** 아기이기
   - **B** 아기라서

4. (회의) 때 늦지 마세요.
   - **A** 회의라서
   - **B** 회의

5. (회의하다) 때 졸지 마세요.
   - **A** 회의할
   - **B** 회의해요

**Astuce** Les formes 기 때문에 **gi ttèmouné**, *parce que*, et 을/ㄹ 때 **eul/l ttè**, *lorsque, quand*, s'accolent à un radical verbal alors que, 때문에 **ttèmouné**, *à cause de*, et 때 **ttè**, *lors de*, s'emploient après un nom.

Corrigé page 257

**Module 26**
기초 GITCHÔ

### Focus  Formuler des réponses

*Sélectionnez la réponse appropriée.*

Corrigé page 257

1. 향수를 왜 샀어요 ?
   - **A** 선물하려고요.
   - **B** 생일 선물이지요 ?

2. 커피와 차 중에 무엇을 드시겠어요 ?
   - **A** 차요.
   - **B** 커피와 차를 주세요.

3. 다비드 씨는 프랑스 사람이지요 ?
   - **A** 아니요, 프랑스 사람이에요.
   - **B** 네, 프랑스 사람이에요.

4. 왜 울어요 ?
   - **A** 슬퍼서요.
   - **B** 어제 울었어요.

5. 왜 웃어요 ?
   - **A** 재미있으니까요.
   - **B** 아기가 아파서 울었어요.

> **Astuce** Un peu de vocabulaire supplémentaire : 중에 **djoung'é**, *parmi* ; 이지(요) ? **idji(yô)**, *n'est-ce pas ?* ; 어서/아서(요) **oso/aso(yô)**, 으니까/니까(요) **eunikka/nikka(yô)**, *parce que* ; 으려고/려고(요), **eulygô/lyogô(yô)**, *pour que*.

### Focus  Exprimer la durée

*Sélectionnez la bonne traduction.*

1. 출발한 지 30분 됐어요.
   - **A** J'ai déjà démarré ma voiture il y a 30 minutes.
   - **B** Cela fait 30 minutes qu'on est partis.
   - **C** Je vais partir dans 30 minutes.

2. 여기서 산 지 4년 정도 됐어요.
   - **A** Cela fait environ quatre ans que j'habite ici.
   - **B** Cela fait déjà plus de quatre ans que je l'ai acheté.
   - **C** Je vais y habiter quatre ans de plus.

## Module 26
### 기초 GITCHÔ

3. 결혼한 지 얼마나 되셨어요 ?

   **A** Quand est-ce que vous vous êtes marié ?

   **B** Dans combien de temps allons-nous nous marier ?

   **C** Cela fait combien de temps que vous êtes marié ?

4. 담배를 끊은 지 벌써 세 달 됐어.

   **A** Cela fait déjà trois mois que j'ai arrêté de fumer.

   **B** Je vais arrêter de fumer dans trois mois.

   **C** Ça fait déjà quatre mois que j'essaie d'arrêter de fumer.

**Astuce** La forme ...은/ㄴ 지 (temps) 되다 **eun/n dji dwéda**, *cela fait* (temps) *que*... accolée à un radical verbal sert à exprimer une durée.

### Focus  S'exprimer au passé

*À l'aide de la traduction, trouvez la formule appropriée permettant d'exprimer une expérience au passé.*

1. 한국 영화를 (보다) ?, Avez-vous déjà regardé un film coréen ?

   **A** 본 적이 있어요 ?       **B** 보겠어요 ?

2. 외국에서 (살다), J'ai déjà vécu à l'étranger.

   **A** 산 적이 있어요.        **B** 살 거예요.

3. 서울에 (가 보다), Je suis déjà allé à Séoul.

   **A** 가 본 적이 있어요.     **B** 가 본 적이 없어요.

4. 그 사람을 (만나다), Je l'ai déjà croisé quelque part.

   **A** 만난 적이 있어요.      **B** 만난 적이 없어요.

5. 회사에 (지각하다), Il ne m'est jamais arrivé d'être en retard au travail.

   **A** 지각한 적이 있어요.    **B** 지각한 적이 없어요.

**Module 26**
단어 DANO

## Noms

| | |
|---|---|
| 늑대 neugdè | *loup* |
| 사자 sadja | *lion* |
| 이야기 iyagi | *histoire* |
| 백화점 bèghwadjom | *grand magasin* |
| 소금 sôgeum | *sel* |
| 설탕 solt$^h$ang | *sucre* |
| 햄버거 hèmbogo | *burger* |
| 중 djoung | *parmi* |
| 한 han | *un* |
| 이 i | *dent* |
| 샌드위치 sèndeuwitchi | *sandwich* |
| 케이크 k$^h$éik$^h$eu | *gâteau* |
| 호박 hôbag | *courgette* |
| 양파 yangp$^h$a | *oignon* |
| 만화책 manhwatchèg | *album de bande dessinée* |
| 게임 géim | *jeux, **game** (anglais)* |
| 전 djon | *avant* |
| 후 hou | *après* |
| 동창 dôngtchang | *camarade d'école, condisciple* |
| 회의 hwéeui | *réunion* |
| 향수 hyangsou | *eau de parfum* |
| 정도 djongdô | *environ* |
| 달 dal | *mois* (durée) |
| 외국 wégoug | *étranger* (pays) |

**Module 26**
단어 DANO

## Particules, conjonctions, adverbes

| | |
|---|---|
| 하고 hagô | *et, avec* |
| 이랑/랑 ilang/lang | *et, avec* |
| 와/과 wa/gwa | *et, avec* |
| 마다 mada | *chaque* |
| 밖에 bakké | *ne... que, seulement* |
| 만 man | *ne... que, seulement* |
| 도 dô | *aussi, même* |
| 처럼 tcholom | *comme* |
| 보다 bôda | *(plus, moins) que* |
| 만큼 mank$^h$eum | *autant* |
| 이나/나 ina/na | *ou* |
| 거나 gona | *ou* |
| 아니면 animyon | *sinon* |
| 때문에 ttèmouné | *à cause de* |
| 얼마나 olmana | *combien* |

## Verbes

| | |
|---|---|
| 남다 nam-da | *rester* |
| 서두르다 sodouleu-da | *se dépêcher* |
| 게임을 하다 géimeul ha-da | *jouer à un jeu* |
| 졸리다 djôlli-da | *avoir sommeil* |
| 양치질하다 yangtchidjilha-da | *se brosser les dents* |
| 짧다 tsalb-da | *être court* |
| 적다 djog-da | *être peu* |
| 들리다 deulli-da | *s'entendre* |
| 크다 k$^h$eu-da | *être fort* (son) |
| 신나다 sinna-da | *s'exciter* |
| 미끄럽다 mikkeulob-da | *être glissant* |
| 졸다 djôl-da | *s'assoupir* |
| 담배를 끊다 dambèleul kkeunh-da | *arrêter de fumer* |

# Module 26
## CORRIGÉ

## 기초 gitchô

### PAGE 248
Les particules de coordination
1 **D**  2 **A**  3 **B**  4 **B**  5 **D**

### PAGES 248-249
Les particules spéciales (마다 *chaque*, 만 *seulement*, 도 *même*)
1 **B**  2 **A**  3 **A**  4 **C**  5 **A**

### PAGES 249-250
Les particules spéciales (처럼 *comme*, 보다 (더) *plus que*, 만큼 *autant*, 도 *aussi*)
1 **A**  2 **C**  3 **B**  4 **C**  5 **C**

### PAGE 250
거나, 이나/나, *ou*
1 **A**  2 **B**  3 **A**  4 **B**  5 **A**

### PAGE 251
L'ordre chronologique
1 **B**  2 **A**  3 **C**  4 **D**

### PAGES 251-252
La forme adverbiale
1 **B**  2 **A**  3 **C**  4 **A**  5 **A**

### PAGE 252
기 때문에 *parce que*, 을/ㄹ 때 *lorsque, quand*
1 **A**  2 **B**  3 **A**  4 **B**  5 **A**

### PAGE 253
Formuler des réponses
1 **A**  2 **A**  3 **B**  4 **A**  5 **A**

### PAGES 253-254
Exprimer la durée
1 **B**  2 **A**  3 **C**  4 **A**

### PAGE 254
S'exprimer au passé
1 **A**  2 **A**  3 **A**  4 **A**  5 **B**

---

**Vous avez obtenu entre 0 et 12 ?** Reprenez chaque question en regardant les endroits où vous avez fait des erreurs.

**Vous avez obtenu entre 13 et 25 ?** C'est très moyen, mais ne vous découragez pas.

**Vous avez obtenu entre 26 et 38 ?** Formidable ! Analysez les erreurs et, si besoin, révisez la ou les notions que vous ne maîtrisez pas complètement.

**Vous avez obtenu 39 et plus ?** 참 잘했어요 ! tcham djalhèssoyô

# Module 27
기초 GITCHÔ

## Focus — L'exclamation

*Complétez les exclamations.*

> Corrigé page 268

1. 날씨가 좋다 → 날씨가 _____ !
   - Ⓐ 좋습니까
   - Ⓑ 좋군요
   - Ⓒ 좋을까요

2. 노래를 잘 부르다 → 노래를 잘_____ !
   - Ⓐ 부르시네요
   - Ⓑ 부를게요
   - Ⓒ 부르겠습니다

3. 딸기가 잘 익었다 → 딸기가 잘_____ !
   - Ⓐ 익을까
   - Ⓑ 익습니다
   - Ⓒ 익었구나

4. 심각한 상황이다 → 심각한 상황_____ !
   - Ⓐ 인데요
   - Ⓑ 입니까
   - Ⓒ 이 아닙니다

5. 한국어를 아주 잘하다 → 한국어를 아주_____ !
   - Ⓐ 잘하시는데요
   - Ⓑ 잘하고 싶어요
   - Ⓒ 잘합시다

> **Astuce** Les terminaisons 군(요) **goun(yô)**, 네(요) **né(yô)**, 구나 **gouna**, 은/는/ㄴ 데(요) **eun/neun/ndé(yô)** caractérisent la voix exclamative. On peut éventuellement se passer de la marque de politesse 요 **yô**.

*Sélectionnez la phrase exclamative adaptée à la situation énoncée.*

1. à la personne qui m'a invité à déguster son plat
   - Ⓐ 날씨가 좋네요 !
   - Ⓑ 와, 정말 맛있겠는데요 !
   - Ⓒ 많이 짜겠는데요 !

2. à un enfant tombé par terre
   - Ⓐ 어머나, 많이 아프겠구나 !
   - Ⓑ 와, 재미있겠구나 !
   - Ⓒ 정말 기분이 좋겠네 !

## Module 27
기초 GITCHÔ

Corrigé page 268

3. à un ami qui a acheté une voiture de luxe
   - **A** 와, 정말 크네!
   - **B** 이야, 무척 친절한데?
   - **C** 오, 정말 비싸겠네!

4. à une personne en difficulté
   - **A** 오, 기쁘시겠군요!
   - **B** 저런, 많이 춥겠군요!
   - **C** 이런, 많이 힘드시겠군요!

5. à une personne très aimable
   - **A** 무척 친절하신데요!
   - **B** 와, 아주 귀여운데요!
   - **C** 정말 가볍군요!

**Astuce** La marque honorifique 으시/시 **eusi/si** ainsi que celle de supposition 겠 **géss** peuvent être insérées entre le radical et la terminaison.

### Focus Le monologue

*Sélectionnez la situation qui correspond au monologue énoncé.*

1. 어휴, 돈이 부족하네...
   - **A** quand on est en retard
   - **B** quand on manque du temps
   - **C** quand on manque d'argent

2. 이미 떠났구나....
   - **A** quand on a raté le bus
   - **B** quand on veut partir en vacances
   - **C** quand on termine tard le travail

## Module 27
기초 GITCHÔ

Corrigé page 268

3. 엄마가 이제 자겠군…
   - A quand on a cassé un verre
   - B quand on rentre très tard la nuit
   - C quand on est tombé par terre

4. 곧 비가 오겠구나…
   - A quand le ciel est couvert
   - B quand il pleut beaucoup
   - C quand il fait très beau

5. 많이 짜네…
   - A quand on a mis trop de sel dans un plat
   - B quand le plat a refroidi
   - C quand on a mis trop de piment

**Astuce** Dans le cas d'un monologue, il n'est pas nécessaire de faire figurer la marque de politesse 요 **yô** à la fin.

### Focus Exprimer l'étonnement, la surprise

*Sélectionnez la situation qui correspond à la réaction de la maman de Juni.*

1. 이렇게 추운데 ?
   - A Juni porte un manteau car il neige dehors.
   - B Juni ne porte pas son manteau car il ne fait pas froid.
   - C Juni ne porte que son t-shirt car il fait beau dehors.
   - D Juni ne porte que son t-shirt pourtant il neige dehors.

2. 성적이 많이 올랐는데 ?
   - A Étrangement, Juni a eu une très bonne note cette année.
   - B Juni a eu exceptionnellement une très mauvaise note.
   - C Juni a eu une très mauvaise note cette année.
   - D Juni est tout content de terminer son année scolaire.

## Module 27
기초 GITCHÔ

3. 일요일인데 ?

- **A** C'est un lundi. Il va à l'école comme d'habitude.
- **B** Ce dimanche Juni porte son cartable pour sortir.
- **C** Juni demande quel jour nous sommes.
- **D** Juni demande s'il y a école ce mercredi.

4. 햄버거인데 ?

- **A** Juni veut aller manger un burger.
- **B** Juni a très faim et il mange un burger.
- **C** Juni a dit qu'il ne mangerait pas ce soir.
- **D** Juni a laissé de la pizza car il n'a plus faim.

**Astuce** Les terminaisons 은/ㄴ데(요) **eun/ndé(yô)** avec un verbe d'état, 는데(요) **neundé(yô)** avec un verbe d'action, servent à exprimer l'étonnement et la surprise.

### Focus  Exprimer le doute et l'inquiétude

*Corrigé page 268*

*Complétez la phrase.*

1. 밤이 늦었는데 어디에 (가다) ___, Il est trop tard, mais où vas-tu ?
   - **A** 가고 싶어 ?
   - **B** 가려고 ?

2. 새것인데 (버리다) ___, C'est neuf, mais allez-vous quand même le jeter ?
   - **A** 버리셨어요 ?
   - **B** 버리려고요 ?

3. 사탕을 5개나 먹었는데 또 (먹다) ___, Tu as déjà mangé 5 bonbons mais t'allais en prendre encore ?
   - **A** 먹으려고 ?
   - **B** 먹었어 ?

4. 파도가 치는데 (수영하다) ___, Il y a de grosses vagues mais vous allez quand même nager ?
   - **A** 수영하려고요 ?
   - **B** 수영하시네요 !

5. 또 카드를 (쓰다) ___, (Tu as déjà utilisé plusieurs fois ma carte mais) tu vas tout de même encore l'utiliser ?
   - **A** 썼어요 ?
   - **B** 쓰려고 ?

## Module 27
기초 GITCHÔ

> **Astuce** Pour exprimer le doute ou l'inquiétude de manière interrogative, on utilise la terminaison 으려고/려고(요) ? **eulyogô/lyogô(yô)**.

### Focus Exprimer un projet, une intention

*Sélectionnez le projet, l'intention qui complète le mieux la phrase.*

1. 전화를 안 받아서 문자 메시지를 ___.
   - **A** 받으려고 해요
   - **B** 보내려고 해요

2. 졸업하자마자 ___.
   - **A** 결혼했어요
   - **B** 취직하려고 합니다

3. 취미로 ___.
   - **A** 그림을 그리려고 해요
   - **B** 그림을 그렸어요

4. 방학 때 바이올린을 ___.
   - **A** 타려고 해요
   - **B** 배울까 해요

5. 주말에 미술관이나 박물관에 ___.
   - **A** 갈까 해요
   - **B** 공부할까 해요

> **Astuce** Les verbes auxiliaires 으려고/려고 하다 **eulyogô/lyogô hada** et 을/ㄹ까 하다 **eul/lkka hada** servent à faire part d'un projet, d'une intention. Seule différence : le second est plus empreint d'incertitude.

### Focus Partager une décision, une préférence

*Sélectionnez la bonne traduction.*

**Corrigé page 268**

1. 기숙사에서 살기로 했어요.
   - **A** J'ai décidé d'habiter dans une résidence universitaire.
   - **B** Je souhaite habiter dans une résidence universitaire.
   - **C** On m'a dit que je vais habiter dans une résidence universitaire.

# Module 27
기초 GITCHÔ

2. 다음 달에 아파트를 팔기로 했습니다.

   **A** Nous avons vendu notre appartement le mois dernier.

   **B** Nous avons décidé de vendre notre appartement le mois prochain.

   **C** Il vaut mieux qu'on vende notre appartement le mois prochain.

3. 손님들이 오시기 전에 정리하는 게 좋겠어요.

   **A** Je vais les ranger car nous avons des invités ce soir.

   **B** Il vaut mieux le ranger après que les invités sont partis.

   **C** Il vaut mieux le ranger avant que les invités soient arrivés.

4. 혼자 가는 게 좋겠어요.

   **A** Il vaut mieux que j'y aille seul.

   **B** J'aimerais bien qu'on m'accompagne.

   **C** Je pense y aller tout seul.

Corrigé page 268

**Astuce** Le verbe auxiliaire 기로 하다 **gilô hada**, *décider de*, sert à exprimer une décision et 는 게 좋겠다 **neun gé djôhgéssda**, *il vaut mieux*..., sert à exprimer la préférence.

## Focus  Exprimer la peur, la crainte

*Complétez la phrase à l'aide de l'expression qui exprime ces sentiments*

1. 비행기를 ___ 걱정돼요.

   **A** 놓칠까 봐  **B** 놓치는

2. 부모님께 ___ 말을 하지 못했어요.

   **A** 혼나려고  **B** 혼날까 봐

3. 음식이 ___ 걱정이에요.

   **A** 모자라지만  **B** 모자랄까 봐

4. 신분증을 ___ 안 가져왔어요.

   **A** 잃어버릴까 봐  **B** 잃어버리면

# Module 27
## 기초 GITCHÔ

5. 자리가 ___ 일찍 왔어요.

   **A** 없으면

   **B** 없을까 봐

> **Astuce** La forme 을/ㄹ까 봐 **eul/lkka bwa** sert à exprimer une peur, une crainte que l'on peut avoir et se traduit par *par peur de*, *par souci de*.

### Focus  Faire semblant et faits hypothétiques

*Sélectionnez la bonne traduction.*

1. Ne fais pas semblant d'être gentil.

   **A** 심심한 척하지 마세요.

   **B** 착한 척하세요.

   **C** 착한 척하지 마세요.

2. Il a failli avoir un accident.

   **A** 사고가 날 뻔했어요.

   **B** 사고가 났어요.

   **C** 사고가 나지 않으면 좋겠어요.

3. J'ai failli baisser les bras.

   **A** 포기할 뻔했어요.

   **B** 포기하지 않을 거예요.

   **C** 포기한 척하세요.

4. J'ai fait semblant de dormir.

   **A** 잠들 뻔했어요.

   **B** 자는 척했어요.

   **C** 자는 척하세요.

> **Astuce** Le verbe auxiliaire 은/는/ㄴ 척 하다 **eun/neun/n tchog hada** se traduit par *faire semblant de*, 을/ㄹ 뻔하다 **eul/l pponhada** par *faillir*.

**Module 27**
기초 GITCHÔ

## Focus Exercice de compréhension

*Que signifie la proposition ?*

**Corrigé page 268**

1. 한국에 가려고 해요.
   - **A** Il projette d'aller en Corée.
   - **C** Il est allé en Corée.
   - **B** Il a failli aller en Corée.
   - **D** Il est inquiet à l'idée d'aller en Corée.

2. 야채를 먹는 척했어요.
   - **A** Il a mangé les légumes.
   - **C** Il n'a pas mangé les légumes.
   - **B** Il va manger les légumes.
   - **D** Il veut manger les légumes.

3. 늦을까 봐 일찍 출발했어요.
   - **A** Il préfère arriver en retard.
   - **C** Il veut être en retard.
   - **B** Il ne sera pas en retard.
   - **D** Il est toujours en retard.

4. 그 남자와 결혼할 뻔했어요.
   - **A** Elle s'est mariée avec cet homme-là.
   - **C** Elle ne s'est pas mariée avec cet homme-là.
   - **B** Elle a décidé de se marier avec cet homme-là.
   - **D** Elle va se marier avec cet homme-là.

**Module 27**
단어 DANO

### Noms

| | | |
|---|---|---|
| 상황 | sanghwang | *situation* |
| 성적 | songdjog | *note* (scolaire) |
| 새것 | sègos | *chose neuve* |
| 파도 | pʰadô | *vague* |
| 문자 메시지 | moundja mésidji | *SMS* |
| 취미 | tchwimi | *loisir* |
| 바이올린 | ba'iôllin | *violon* |
| 미술관 | misoulgwan | *musée d'art* |
| 박물관 | bagmoulgwan | *musée* |
| 기숙사 | gisougsa | *résidence (universitaire), logement de fonction* |
| 다음 달 | da'eum dal | *le mois prochain* |
| 아파트 | apʰatʰeu | *appartement* |
| 신분증 | sinboundjeung | *pièce d'identité* |
| 사고 | sagô | *accident* |
| 야채 | yatchè | *légume* |

### Adverbes, interjections

| | | |
|---|---|---|
| 어휴 | ohyou | interjection exprimant le regret |
| 와 | wa | interjection exprimant l'étonnement |
| 어머나 | omona | interjection exprimant l'étonnement |
| 오 | ô | interjection exprimant l'étonnement |
| 이야 | iya | interjection exprimant l'étonnement |
| 저런 | djolon | interjection exprimant l'étonnement |
| 이런 | ilon | interjection exprimant l'étonnement |
| 이미 | imi | *déjà* |

# Module 27
## 단어 DANO

| 이제 idjé | *(enfin) maintenant* |
| 곧 gôd | *bientôt* |

### Verbes

| 익다 ig-da | *mûrir* |
| 심각하다 sim'gagha-da | *être grave, sérieux* |
| 기분이 좋다 gibouni djôh-da | *être de bonne humeur* |
| 부족하다 boudjôgha-da | *être insuffisant* |
| 오르다 ôleu-da | *augmenter* |
| 파도가 치다 pʰadôga tchi-da | *se briser* (vague) |
| 취직하다 tchwidjigha-da | *trouver un emploi* |
| 놓치다 nôhtchi-da | *rater* (bus, train) |
| 혼나다 hônna-da | *être grondé* |
| 모자라다 môdjala-da | *être insuffisant* |
| 잃어버리다 ilhoboli-da | *perdre (qqch.)* |
| 사고가 나다 sagôga na-da | *avoir un accident* |
| 포기하다 pʰôgiha-da | *abandonner* |
| 잠들다 djamdeul-da | *s'endormir* |

# Module 27
## CORRIGÉ

## 기초 gitchô

**PAGES 258-259**
L'exclamation
1 **B** 2 **A** 3 **C** 4 **A** 5 **A**
1 **B** 2 **A** 3 **C** 4 **C** 5 **A**

**PAGES 259-260**
Le monologue
1 **C** 2 **A** 3 **B** 4 **A** 5 **A**

**PAGES 260-261**
Exprimer l'étonnement, la surprise
1 **D** 2 **A** 3 **B** 4 **C**

**PAGE 261**
Exprimer le doute, l'inquiétude
1 **B** 2 **B** 3 **A** 4 **A** 5 **B**

**PAGE 262**
Exprimer un projet, une intention
1 **B** 2 **B** 3 **A** 4 **B** 5 **A**

**PAGES 262-263**
Partager une décision, une préférence
1 **A** 2 **B** 3 **C** 4 **A**

**PAGES 263-264**
Exprimer la peur, la crainte
1 **A** 2 **B** 3 **B** 4 **A** 5 **B**

**PAGE 264**
Faire semblant et faits hypothétiques
1 **C** 2 **A** 3 **A** 4 **B**

**PAGE 265**
Exercice de compréhension
1 **A** 2 **C** 3 **B** 4 **C**

---

**Vous avez obtenu entre 0 et 11 ?** Reprenez chaque question en regardant les endroits où vous avez fait des erreurs.

**Vous avez obtenu entre 12 et 23 ?** C'est très moyen, mais ne vous découragez pas.

**Vous avez obtenu entre 24 et 35 ?** Formidable ! Analysez les erreurs et, si besoin, révisez la ou les notions que vous ne maîtrisez pas complètement.

**Vous avez obtenu 36 et plus ?** 참 잘했어요 ! tcham djalhèssoyô

# Module 28
## 기초 GITCHÔ

**Note** À partir de ce module, et pour les trois modules suivants, nous vous proposons des petits exercices de révision des points et sujets abordés au cours des pages précédentes.

### Focus Questions/Réponses

*Corrigé page 280*

*Sélectionnez la bonne réponse.*

1. 누가 있어요 ?
   - **A** 두 명이 있어요.
   - **B** 아니요, 친구예요.
   - **C** 학생들이 있어요.
   - **D** 언니하고 가요.

2. 실내화를 신어야 해요 ?
   - **A** 아니요, 구두가 비싸요.
   - **B** 네, 실내화를 신으세요.
   - **C** 네, 운동화를 신어야 해요.
   - **D** 아니요, 실내화가 작아요.

3. 주스예요 ?
   - **A** 네, 주스예요.
   - **B** 아니요, 주스가 좋아요.
   - **C** 네, 주스가 아니에요.
   - **D** 아니요, 주스가 맛있어요.

4. 무엇을 드세요 ?
   - **A** 식당에서 드세요.
   - **B** 자주 드세요.
   - **C** 아이와 치킨을 먹어요.
   - **D** 동료와 먹어요.

5. 몇 시예요 ?
   - **A** 지금이에요.
   - **B** 3,000 원이에요.
   - **C** 같이 만나요.
   - **D** 두 시 반이에요.

### Focus Conversations

*Que répond l'interlocuteur ? Sélectionnez la bonne réponse.*

1. 잘 지내셨어요 ?
   - **A** 네, 어서 오세요.
   - **B** 네, 잘 지냈어요.
   - **C** 미안해요.

2. 안녕히 가세요.
   - **A** 안녕히 계세요.
   - **B** 잘 지냈어요.
   - **C** 괜찮아요.

## Module 28
### 기초 GITCHÔ

*Corrigé page 280*

3. 안녕하세요 ?
   - Ⓐ 네, 안녕하세요 ?   Ⓑ 안녕히 가세요.   Ⓒ 좋겠어요.

4. 처음 뵙겠습니다.
   - Ⓐ 안녕히 계세요.   Ⓑ 아니에요.   Ⓒ 반갑습니다.

5. 감사합니다.
   - Ⓐ 죄송합니다.   Ⓑ 별말씀을요.   Ⓒ 반가워요.

### Focus — Lieux de conversation

*Sélectionnez le lieu dans lequel se déroule la conversation.*

1. A : 어떻게 오셨어요 ?
   B : 이거 지폐로 바꿔 주세요.
   - Ⓐ 약국   Ⓑ 백화점   Ⓒ 은행   Ⓓ 학교

2. A : 어서 오세요, 손님. 어디까지 가세요 ?
   B : 서울역으로 가 주세요.
   - Ⓐ 택시   Ⓑ 공항   Ⓒ 서울역   Ⓓ 우체국

3. A : 주문하시겠어요 ?
   B : 뭐가 맛있어요 ?
   - Ⓐ 교실   Ⓑ 식당   Ⓒ 박물관   Ⓓ 공원

4. A : 방은 3층이고 307호입니다.
   B : 퇴실 시간은 언제예요 ?
   - Ⓐ 서점   Ⓑ 극장   Ⓒ 회사   Ⓓ 호텔

5. A : 무얼 드릴까요 ?
   B : 케이크 한 개와 식빵 두 개 주세요.
   - Ⓐ 빵집   Ⓑ 사진관   Ⓒ 미용실   Ⓓ 시청

### Focus — Sujets de conversation

*De quoi parlent-ils ? Sélectionnez la bonne réponse.*

1. A : 실례합니다. 세탁소가 어디에 있어요 ?
   B : 저기 우체국이 있지요. 우체국 옆에 있어요.
   - Ⓐ 위치   Ⓑ 이름   Ⓒ 날짜   Ⓓ 취미

# Module 28
## 기초 GITCHÔ

2. A : 저는 휴가 때 해외여행을 갈 거예요. 다니 씨는요 ?
   B : 저는 시골에서 쉴 거예요.

   **A** 일    **B** 계획    **C** 교통    **D** 시간

3. A : 저희 어머니는 선생님이세요.
   B : 아버지는요 ?

   **A** 맛    **B** 주말    **C** 약속    **D** 직업

4. A : 저는 수영하는 것을 좋아해요. 쥬니 씨는요 ?
   B : 저는 스키타는 것을 좋아해요.

   **A** 시간    **B** 운동    **C** 이름    **D** 소개

5. A : 하루 종일 비가 오네요.
   B : 비가 빨리 그쳤으면 좋겠어요.

   **A** 날씨    **B** 장소    **C** 나라    **D** 날짜

### Focus  Compréhension

*Complétez la phrase en sélectionnant la réponse adaptée.*

Corrigé page 280

1. 손님이 아직 도착하지 않았습니다. 손님을 ___.

   **A** 늦습니다    **B** 갑니다    **C** 기다립니다    **D** 모릅니다

2. 12월 28일은 쥬니 생일입니다. 쥬니에게 ___을/를 줍니다.

   **A** 선물    **B** 전화    **C** 약속    **D** 가끔

3. 집에서 학교가 ___. 집 앞에 있습니다.

   **A** 멉니다    **B** 좋습니다    **C** 가깝습니다    **D** 큽니다

4. 다니는 수영장에 가려고 합니다. ___을/를 준비합니다.

   **A** 사전    **B** 수영복    **C** 머리띠    **D** 반지

5. 도서관에 갑니다. 거기서 책을 ___.

   **A** 삽니다    **B** 그립니다    **C** 팝니다    **D** 읽습니다

## Module 28
기초 GITCHÔ

**Focus** Comprendre le texte

*De quoi parle l'énoncé ? Sélectionnez la bonne réponse.*

1. 우리 집에서는 주로 엄마가 요리를 합니다. 엄마는 한국 음식과 프랑스 음식을 잘합니다.
   - **A** 엄마는 요리를 하지 않습니다.
   - **B** 아빠는 가끔 요리를 합니다.
   - **C** 가족들은 배달 음식을 좋아합니다.

   *Corrigé page 280*

2. 저는 주말마다 공원에서 달리기를 합니다. 운동 후 강아지와 산책을 합니다.
   - **A** 수요일에 공원에서 달리기를 합니다.
   - **B** 운동하는 것을 좋아하지 않습니다.
   - **C** 토요일에 공원에서 운동을 합니다.

3. 오늘 서울시에 비가 많이 오겠습니다. 바람도 많이 불겠습니다.
   - **A** 우산을 준비해야 합니다.
   - **B** 내일은 날씨가 맑겠습니다.
   - **C** 저녁에는 비가 그치겠습니다.

4. 저는 다니와 쥬니와 영화관에 왔습니다. 극장에 두 자리만 남았습니다.
   - **A** 팝콘과 콜라를 삽니다.
   - **B** 다니는 공포 영화를 좋아합니다.
   - **C** 같이 영화를 볼 수 없습니다.

5. 지금은 오전 9시입니다. 다니는 아직도 지하철에 있습니다. 회의가 9시에 시작됩니다.
   - **A** 다니는 회의에 늦었습니다.
   - **B** 다니는 회의에 늦지 않았습니다.
   - **C** 회의는 지하철에서 합니다.

# Module 28
## 기초 GITCHÔ

### Focus — Synonymes

*Pour chaque mot énoncé, sélectionnez son synonyme.*

1. 가격
   - **A** 현금
   - **B** 카드
   - **C** 노래
   - **D** 값

2. 건물
   - **A** 빌딩
   - **B** 자연
   - **C** 동물
   - **D** 땅

3. 경기
   - **A** 운동
   - **B** 경험
   - **C** 게임
   - **D** 결과

4. 무료
   - **A** 광고
   - **B** 영수증
   - **C** 빚
   - **D** 공짜

5. 디자인
   - **A** 색
   - **B** 모양
   - **C** 크기
   - **D** 재질

### Focus — Antonymes

*Pour chaque mot énoncé, sélectionnez son contraire.*

1. 원인
   - **A** 이유
   - **B** 동기
   - **C** 결과
   - **D** 거짓말

2. 과거
   - **A** 옛날
   - **B** 미래
   - **C** 시간
   - **D** 공간

3. 국내
   - **A** 국외
   - **B** 지방
   - **C** 도시
   - **D** 시골

4. 국립
   - **A** 사립
   - **B** 국내
   - **C** 국외
   - **D** 국제

5. 시작
   - **A** 처음
   - **B** 나중
   - **C** 후
   - **D** 끝

## Module 28
기초 GITCHÔ

### Focus  Champs lexicaux

*Sélectionnez le terme qui englobe la liste de mots énoncée.*

1. 종이컵, 분리수거, 재활용, 휴지
   - A 돈
   - B 쓰레기
   - C 비행기
   - D 회사

2. 아침, 점심, 저녁, 빵, 밥
   - A 학교
   - B 회사
   - C 식사
   - D 차

3. 자유, 바다, 산, 방학, 휴가
   - A 여행
   - B 약속
   - C 공부
   - D 쓰레기

4. 컴퓨터, 팩스, 전화, 이메일
   - A 여행
   - B 주말
   - C 쇼핑
   - D 회사

5. 화장지, 물, 세제, 라면, 쌀
   - A 시험
   - B 슈퍼
   - C 취미
   - D 일

### Focus  Définitions

*Sélectionnez le mot associé à la définition donnée.*

1. 회사에서 매달 받는 돈입니다.
   - A 월급
   - B 월세
   - C 용돈
   - D 지출

2. 집주인에게 매달 주는 금액입니다.
   - A 수입
   - B 월세
   - C 입금
   - D 출금

3. 부모님이 자녀에게 주는 돈입니다.
   - A 월급
   - B 월세
   - C 보험
   - D 용돈

4. 집을 옮기는 것입니다.
   - A 전학
   - B 출장
   - C 이사
   - D 경험

5. 운전을 하기 위해서 필요합니다.
   - A 운전면허
   - B 신용 카드
   - C 계좌
   - D 휴게소

## Module 28
단어 DANO

**Noms**

| | |
|---|---|
| 언니 onni | *sœur ainée*, *grande sœur* (énoncé par une fille) |
| 실내화 silnèhwa | *chausson* |
| 치킨 tchikʰin | *poulet frit* (de l'anglais **chicken**, coréanisé) |
| 동료 donglyô | *collègue*, *confrère*, *camarade* |
| 원 won | *won* (devise coréenne) |
| 처음 tchoʼeum | *commencement*, *début* |
| 지폐 djipʰyé | *billet* (de banque) |
| 손님 sônnim | *client* |
| 역 yog | *gare*, *station* |
| 층 tcheung | *étage* |
| 호 hô | *numéro* |
| 퇴실 tʰwésil | *sortie* (de la chambre d'hôtel, **check-out**) |
| 서점 sodjom | *librairie* |
| 극장 geugdjang | *salle de spectacle* |
| 호텔 hôtʰél | *hôtel* |
| 식빵 sigppang | *pain de mie* |
| 빵집 ppangdjib | *boulangerie* |
| 사진관 sadjinʼgwan | *atelier de photographie* |
| 시청 sitchong | *hôtel de ville* |
| 세탁소 sétʰagsô | *pressing*, *laverie* |
| 옆 yopʰ | *côté* |
| 날짜 naltsa | *date* |
| 해외여행 hèwéyohèng | *voyage à l'étranger* |
| 시골 sigôl | *campagne* |
| 계획 gyéhwég | *projet*, *plan* |
| 교통 gyôtʰông | *trafic*, *circulation* |

## Module 28
### 단어 DANO

| | |
|---|---|
| 맛 mas | *goût, saveur* |
| 약속 yagsôg | *promesse* |
| 하루 halou | *un jour, une journée* |
| 날씨 nalssi | *temps* (météo) |
| 장소 djangsô | *endroit* |
| 생일 sèng'il | *anniversaire* |
| 수영장 souyongdjang | *piscine* |
| 사전 sadjon | *dictionnaire* |
| 수영복 souyongbôg | *maillot de bain* |
| 머리띠 molitti | *serre-tête* |
| 배달 bèdal | *livraison* |
| 달리기 dalligi | *course à pied, course de vitesse* |
| 수요일 souyôil | *mercredi* |
| 시 si | *ville* |
| 영화관 yonghwagwan | *salle de cinéma* |
| 팝콘 pʰabkʰôn | *pop-corn* |
| 콜라 kʰôlla | *cola* |
| 공포 gôngpʰô | *horreur* |
| 오전 odjon | *matinée* |
| 현금 hyon'geum | *espèces, liquide* |
| 카드 kʰadeu | *carte* |
| 노래 nôlè | *chant* |
| 값 gabs | *prix* |
| 건물 gonmoul | *bâtiment* |
| 빌딩 bilding | *gratte-ciel* |
| 자연 djayon | *nature* |
| 동물 dôngmoul | *animal* |
| 땅 ttang | *terrain* |
| 경기 gyonggi | *match* |

# Module 28
## 단어 DANO

| | | |
|---|---|---|
| 경험 gyonghom | | *expérience* |
| 게임 géim | | *match, compétition* |
| 결과 gyolgwa | | *résultat* |
| 무료 moulyô | | *gratuité* |
| 영수증 yongsoudjeung | | *reçu, quittance* |
| 빚 bidj | | *dette* |
| 공짜 gôngtsa | | *gratuité* |
| 디자인 didja'in | | *design* |
| 크기 k$^h$eugi | | *taille* |
| 재질 djèdjil | | *matière* |
| 원인 wonin | | *cause, raison* |
| 동기 dônggi | | *motif, motivation, cause* |
| 과거 gwago | | *passé* |
| 옛날 yésnal | | *autrefois* |
| 미래 milè | | *futur* |
| 공간 gônggan | | *espace* (place) |
| 국내 gougnè | | *intérieur* (d'un pays) |
| 국외 gougwé | | *extérieur* (d'un pays) |
| 지방 djibang | | *région* |
| 도시 dôsi | | *ville* |
| 국립 gouglib | | *national* |
| 사립 salib | | *établissement privé* |
| 국제 gougdjé | | *international* |
| 시작 sidjag | | *début* |
| 나중 nadjoung | | *après* |
| 끝 kkeut$^h$ | | *fin* (bout) |
| 종이컵 djông'ik$^h$ob | | *gobelet en papier* |
| 분리수거 bounlisougo | | *tri sélectif* |
| 재활용 djèhwalyông | | *recyclage* |
| 휴지 hyoudji | | *serviette en papier* |
| 아침 atchim | | *petit déjeuner* |

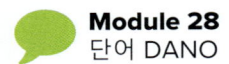

## Module 28
### 단어 DANO

| | |
|---|---|
| 점심 djomsim | *déjeuner* |
| 자유 djayou | *liberté* |
| 휴가 hyouga | *congé* |
| 여행 yohèng | *voyage* |
| 공부 gôngbou | *étude* |
| 팩스 pʰègseu | *fax* |
| 이메일 iméil | *courriel* |
| 화장지 hwadjangdji | *papier hygiénique* |
| 물 moul | *eau* |
| 쌀 ssal | *riz* (cru) |
| 슈퍼 syoupʰo | *supermarché* |
| 월급 wolgeub | *salaire mensuel* |
| 월세 wolsé | *loyer mensuel* |
| 지출 djitchoul | *dépense* |
| 집주인 djibdjou'in | *propriétaire* |
| 수입 sou'ib | *revenu, recette* |
| 입금 ibgeum | *encaissement, dépôt d'argent* |
| 출금 tchoulgeum | *retrait d'argent, dépense* |
| 자녀 djanyo | *enfant* |
| 보험 bôhom | *assurance* |
| 전학 djonhag | *changement d'établissement scolaire* |
| 출장 tchouldjang | *déplacement* |
| 운전면허 oundjonmyonho | *permis de conduire* |
| 신용 카드 sinyông kʰadeu | *carte de crédit* |
| 계좌 gyédjwa | *compte* (bancaire) |
| 휴게소 hyougésô | *aire de repos* |

**Module 28**
단어 DANO

### Adverbes

| | | |
|---|---|---|
| 자주 | djadjou | *souvent* |
| 종일 | djông'il | *toute la journée* |
| 매달 | mèdal | *tous les mois* |

### Verbes

| | | |
|---|---|---|
| 뵙다 | bwéb-da | *voir*, *rencontrer* (honorifique) |
| 반갑다 | ban'gab-da | *être enchanté* |
| 감사하다 | gamsaha-da | *remercier* |
| 죄송하다 | djwésôngha-da | *être désolé* |
| 그치다 | geutchi-da | *s'arrêter* |
| 그리다 | geuli-da | *dessiner* |
| 맑다 | malg-da | *être clair* (temps) |

## Module 28
CORRIGÉ

## 기초 gitchô

VOTRE SCORE :

**PAGE 269**
Questions/Réponses
1 **C**  2 **B**  3 **A**  4 **C**  5 **D**

**PAGES 269-270**
Conversations
1 **B**  2 **A**  3 **A**  4 **C**  5 **B**

**PAGE 270**
Lieux de conversation
1 **C**  2 **A**  3 **B**  4 **D**  5 **A**

**PAGES 270-271**
Sujets de conversation
1 **A**  2 **B**  3 **D**  4 **B**  5 **A**

**PAGE 271**
Compréhension
1 **C**  2 **A**  3 **C**  4 **B**  5 **D**

**PAGE 272**
Comprendre le texte
1 **B**  2 **C**  3 **A**  4 **C**  5 **A**

**PAGE 273**
Synonymes
1 **D**  2 **A**  3 **C**  4 **D**  5 **B**

**PAGE 273**
Antonymes
1 **C**  2 **B**  3 **A**  4 **A**  5 **D**

**PAGE 274**
Champs lexicaux
1 **B**  2 **C**  3 **A**  4 **D**  5 **B**

**PAGE 274**
Définitions
1 **A**  2 **B**  3 **D**  4 **C**  5 **A**

**Vous avez obtenu entre 0 et 13 ?** Reprenez chaque question en regardant les endroits où vous avez fait des erreurs.

**Vous avez obtenu entre 14 et 30 ?** C'est très moyen, mais ne vous découragez pas.

**Vous avez obtenu entre 31 et 44 ?** Formidable ! Analysez les erreurs et, si besoin, révisez la ou les notions que vous ne maîtrisez pas complètement.

**Vous avez obtenu 45 et plus ?** 참 잘했어요 ! tcham djalhèssoyô

**Module 29**
기초 GITCHÔ

### Focus — Un verbe, plusieurs contextes

*Sélectionnez le verbe qui complète les énoncés.*

Corrigé page 286

1. 쥬니는 오늘 모자를 __.
   다니는 요즘 논문을 __ 많이 바쁩니다.
   이번 휴가 때 돈을 많이 __.

   **A** 깎다  **B** 쓰다  **C** 하다  **D** 끼다

2. 한국에 가기로 마음 __.
   쥬니가 큰 개를 보고 겁 __.
   새해에 한 살 더 __.

   **A** 잡다  **B** 먹다  **C** 내다  **D** 만들다

3. 운동선수가 부상을 __.
   고등학생은 교복을 __.
   태풍으로 큰 피해를 __.

   **A** 피하다  **B** 당하다  **C** 보다  **D** 입다

### Focus — Le verbe dans la phrase

*Complétez la phrase à l'aide du verbe approprié.*

1. 한국어를 __ 지 얼마나 됐어요 ?

   **A** 공부한  **B** 일한  **C** 다닌  **D** 간

2. 다니는 강아지 한 마리를 __ 있습니다.

   **A** 키우지만  **B** 키우지  **C** 기름  **D** 기르고

3. 감기가 다 __ ?

   **A** 했어요  **B** 나았어요  **C** 아팠어요  **D** 고쳤어요

### Focus — La forme honorifique

*Sélectionnez la forme honorifique qui convient.*

1. 할머니께서 시골에 __.

   **A** 계십니다  **B** 살아요  **C** 있어요

## Module 29
기초 GITCHÔ

2. 식사 후에 이 약을 __.
   - **A** 드세요
   - **B** 먹으세요
   - **C** 마시세요

3. 선생님께 벌써 __.
   - **A** 말했어요
   - **B** 말씀하셨어요
   - **C** 말씀드렸어요

### Focus  Particules

*Sélectionnez la particule adaptée.*

Corrigé page 286

1. 지폐를 동전__ 바꿔 주세요.
   - **A** 이
   - **B** 에
   - **C** 으로

2. 학생들__ 모두 모였습니까 ?
   - **A** 이
   - **B** 을
   - **C** 에게

3. 조용한 곳__ 갑시다.
   - **A** 에
   - **B** 이
   - **C** 은

### Focus  Synonymes

*Sélectionnez le verbe qui peut remplacer le verbe souligné.*

1. 일요일에 집에서 <u>빨래합니다</u>.
   - **A** 옷을 빱니다.
   - **B** 세일합니다.
   - **C** 청소합니다.

2. 여기에 <u>사인하시면</u> 됩니다.
   - **A** 읽으시면
   - **B** 사용하시면
   - **C** 서명하시면

3. 백화점에서 옷을 <u>세일해요</u>.
   - **A** 구입해요.
   - **B** 할인해요.
   - **C** 쇼핑해요.

### Focus  Adverbes

*Sélectionnez l'adverbe adapté pour compléter la phrase.*

1. __ 설명해 주세요.
   - **A** 가까이
   - **B** 자세히
   - **C** 멀리

**Module 29**
기초 GITCHÔ

2. _ 생각해 보세요.
   - **A** 천천히
   - **B** 부드럽게
   - **C** 거의

3. 시간이 없어요. _ 대답하세요.
   - **A** 벌써
   - **B** 정말
   - **C** 빨리

## Focus  Connecteurs

*Sélectionnez le verbe formé avec un connecteur adapté afin de compléter la phrase.*

1. 남자 친구와 _ 기분이 안 좋아요.
   - **A** 다퉈서
   - **B** 만나서
   - **C** 나빠서

2. _ 물을 드세요.
   - **A** 목마르지만
   - **B** 목말라서
   - **C** 목마르시면

3. 가방을 _ 휴대 전화 좀 빌려주시겠어요?
   - **A** 잃어버렸는데
   - **B** 잃어버리고
   - **C** 잃어버렸지만

## Focus  Vocabulaire

*Sélectionnez le verbe qui ne peut pas être associé au mot donné.*

Corrigé page 286

1. 마음
   - **A** 어울리다
   - **B** 아프다
   - **C** 움직이다

2. 몸
   - **A** 움직이다
   - **B** 이사하다
   - **C** 만지다

3. 버스
   - **A** 운전하다
   - **B** 주차하다
   - **C** 외출하다

*Sélectionnez le mot qui n'est pas adéquat pour accompagner le verbe donné.*

1. 맞다
   - **A** 잠
   - **B** 비
   - **C** 옷

## Module 29
## 기초 GITCHÔ

2. 잡다
   - **A** 택시
   - **B** 범인
   - **C** 노래

3. 치다
   - **A** 음식
   - **B** 피아노
   - **C** 파도

### Focus  Définitions

*Sélectionnez la bonne définition du terme donné.*

Corrigé page 286

1. 소금
   - **A** 짠 음식에는 이것이 많이 들어 있어요.
   - **B** 김치같이 매운 음식에 이것이 많이 들어 있어요.
   - **C** 맛있는 음식입니다.

2. 설탕
   - **A** 간장과 비슷한 맛이에요.
   - **B** 이것으로 김치를 담급니다.
   - **C** 사탕, 과자, 아이스크림은 이것이 들어 있어서 달아요.

3. 신문 기사
   - **A** 신문을 파는 장소입니다.
   - **B** 기자가 작성하는 글입니다.
   - **C** 미용실에서 이것을 살 수 있습니다.

### Noms

| | | |
|---|---|---|
| 논문 nônmoun | | *thèse*, *mémoire* |
| 새해 sèhè | | *Nouvel An* |
| 운동선수 oundôngsonsou | | *joueur* (professionnel) |
| 부상 bousang | | *blessure* |
| 피해 pʰihè | | *dommage*, *dégât* |

**Module 29**
단어 DANO

| | | |
|---|---|---|
| 교복 gyôbôg | | *uniforme scolaire* |
| 태풍 tʰèpʰoung | | *typhon* |
| 동전 dôngdjon | | *(pièce de) monnaie* |
| 범인 bomin | | *délinquant* |
| 간장 gandjang | | *sauce soja* |

### Adverbes

| | | |
|---|---|---|
| 요즘 yôdjeum | | *ces jours-ci* |
| 자세히 djaséhi | | *en détail* |
| 천천히 tchontchonhi | | *lentement* |
| 부드럽게 boudeulobgé | | *doucement* |

### Verbes

| | | |
|---|---|---|
| 겁먹다 gobmog-da | | *avoir peur* |
| 마음먹다 ma'eummog-da | | *décider* |
| 먹다 mog-da | | *prendre* (âge) |
| 입다 ib-da | | *subir* (dommages, dégât) |
| 낫다 nas-da | | *guérir* |
| 모이다 môi-da | | *se rassembler* |
| 조용하다 djôyôngha-da | | *être silencieux* |
| 서명하다 somyongha-da | | *signer* |
| 할인하다 halinha-da | | *faire une réduction* |
| 다투다 datʰou-da | | *se disputer* |
| 맞다 madj-da | | *s'ajuster* |
| 들어 있다 deulo iss-da | | *contenir* |
| 작성하다 djagsongha-da | | *rédiger* |

# Module 29
## CORRIGÉ

## 기초 gitchô

VOTRE SCORE :

**PAGE 281**
Un verbe, plusieurs contextes
1 **B** 2 **B** 3 **D**

**PAGE 281**
Le verbe dans la phrase
1 **A** 2 **D** 3 **B**

**PAGES 281-282**
La forme honorifique
1 **A** 2 **A** 3 **C**

**PAGE 282**
Particules
1 **C** 2 **A** 3 **A**

**PAGE 282**
Synonymes
1 **A** 2 **C** 3 **B**

**PAGES 282-283**
Adverbes
1 **B** 2 **A** 3 **C**

**PAGE 283**
Connecteurs
1 **A** 2 **C** 3 **A**

**PAGES 283-284**
Vocabulaire
1 **A** 2 **B** 3 **C**
1 **A** 2 **C** 3 **A**

**PAGE 284**
Définitions
1 **A** 2 **C** 3 **B**

---

**Vous avez obtenu entre 0 et 7 ?** Reprenez chaque question en regardant les endroits où vous avez fait des erreurs.

**Vous avez obtenu entre 8 et 15 ?** C'est très moyen, mais ne vous découragez pas.

**Vous avez obtenu entre 16 et 23 ?** Formidable ! Analysez les erreurs et, si besoin, révisez la ou les notions que vous ne maîtrisez pas complètement.

**Vous avez obtenu 24 et plus ?** 참 잘했어요 ! tcham djalhèssoyô

# Module 30
기초 GITCHÔ

## Focus  Moyens de locomotion

*Sélectionnez le moyen de locomotion qui correspond à la définition.*

1. 바퀴가 두 개입니다.
   - **A** 오토바이  **B** 트럭  **C** 소방차  **D** 구급차
2. 아침 일찍 쓰레기를 담습니다.
   - **A** 택시  **B** 버스  **C** 구급차  **D** 쓰레기차
3. 아픈 사람을 싣고 갑니다.
   - **A** 경찰차  **B** 구급차  **C** 청소차  **D** 포크레인
4. 불을 끄기 위해 출동합니다.
   - **A** 구급차  **B** 청소차  **C** 소방차  **D** 경찰차

## Focus  Lieux

*Sélectionnez le lieu qui correspond à la définition.*

Corrigé page 293

1. 여기에서 집을 구해요.
   - **A** 부동산  **B** 우체국  **C** 미용실  **D** 학교
2. 프랑스에 가기 전에 여기에서 비자를 만들어요.
   - **A** 미용실  **B** 정류장  **C** 역  **D** 대사관
3. 여행을 하기 위해 비행기 표를 구입해요.
   - **A** 도서관  **B** 여행사  **C** 대사관  **D** 부동산

## Focus  Métiers

*Sélectionnez le métier ou la personne qui n'est pas associé au lieu donné.*

1. 병원
   - **A** 의사  **B** 환자  **C** 간호사  **D** 기자
2. 학교
   - **A** 선생님  **B** 경찰  **C** 학생  **D** 학부모

## Module 30
기초 GITCHÔ

Corrigé page 293

3. 법원
   - Ⓐ 판사   Ⓑ 변호사   Ⓒ 경찰   Ⓓ 운전기사

### Focus  Champs lexicaux

*Sélectionnez le mot qui complète la liste.*

1. 자동차, 버스, 기차, 배, 택시, 비행기
   - Ⓐ 지하철   Ⓑ 꽃   Ⓒ 표
2. 신호등, 횡단보도, 차도
   - Ⓐ 공원   Ⓑ 인도   Ⓒ 노인
3. 축구, 농구, 테니스, 수영
   - Ⓐ 야구   Ⓑ 바이올린   Ⓒ 음악

*Retirez le mot qui n'a pas sa place dans la liste.*

1. 옷, 신발, 화장품, 가방, 간장
   - Ⓐ 간장   Ⓑ 옷   Ⓒ 신발   Ⓓ 화장품
2. 신분증, 여권, 운전면허, 자연
   - Ⓐ 여권   Ⓑ 자연   Ⓒ 신분증   Ⓓ 운전면허
3. 의자, 소파, 자리, 날씨
   - Ⓐ 의자   Ⓑ 자리   Ⓒ 소파   Ⓓ 날씨

### Focus  Verbes

*Sélectionnez le verbe qui s'associe le mieux à la liste des mots donnés.*

1. 농구, 축구, 야구, 수영
   - Ⓐ 타다   Ⓑ 치다   Ⓒ 하다
2. 피아노, 테니스, 탁구
   - Ⓐ 치다   Ⓑ 타다   Ⓒ 걷다

**Module 30**
기초 GITCHÔ

3. 공부, 수영, 일, 운동

   **A** 이다   **B** 타다   **C** 하다

## Focus La voix passive

*Sélectionnez la forme à la voix passive de la phrase donnée.*

1. 가방을 열다.

   **A** 가방이 열리다.   **B** 가방을 열었다.

2. 자리를 바꾸다.

   **A** 자리가 바꾼다.   **B** 자리가 바뀌다.

3. 문을 잠그다.

   **A** 문을 잠기다.   **B** 문이 잠기다.

## Focus Questions/Réponses

*Sélectionnez la bonne réponse.*

Corrigé page 293

1. 집에서 회사까지 얼마나 걸려요 ?

   **A** 한 30분 있어요.

   **B** 한 시 30분이에요.

   **C** 30분 정도 걸려요.

2. 한국어를 왜 배우세요 ?

   **A** 한국 드라마를 보면서 배웠어요.

   **B** 얼마나 한국 드라마를 좋아해서요.

   **C** 왜냐하면 한국 드라마를 좋아해서요.

3. 왜 이렇게 늦었어 ?

   **A** 미안해. 버스를 놓쳤어.

   **B** 고마워. 다음에 만나자.

   **C** 괜찮아. 시간이 있어.

## Module 30
기초 GITCHÔ

*Sélectionnez la bonne réponse.*

1. A : 어때요 ? 이 문제가 간단하지요 ?
   B : 아니요. __.
   - **A** 너무 쉬워요.
   - **B** 너무 복잡해서 머리가 아파요.
   - **C** 아주 재미있어요.

2. A : 더러운 손으로 음식을 먹지 마세요.
   B : 방금 __.
   - **A** 손을 깨끗하게 씻었어요.
   - **B** 더럽지 않아요.
   - **C** 음식을 주문했어요.

3. A : 책을 많이 넣어야 하는데 가방 크기가 어때요 ?
   B : 걱정마세요. __.
   - **A** 아주 예쁘니까요.
   - **B** 아주 크니까요.
   - **C** 아주 싸니까요.

### Focus  Synonymes

*Sélectionnez le synonyme de l'adverbe souligné pour compléter la proposition B.*

1. A : 요즘 <u>가장</u> 인기 있는 가수가 누구예요 ?
   B : __ 인기 있는 가수는 BTS예요.
   - **A** 제일   **B** 별로   **C** 언제나   **D** 잠깐

2. A : 도서관에 <u>같이</u> 갈까 ?
   B : 그래. __ 가자.
   - **A** 함께   **B** 지금   **C** 따로   **D** 잠깐

3. A : <u>내년</u>에 졸업하세요 ?
   B : 네, __에 졸업해요.
   - **A** 작년   **B** 올해   **C** 지난해   **D** 다음 해

Corrigé page 293

# Module 30
단어 DANO

**Noms**

| | | |
|---|---|---|
| 바퀴 bakʰwi | | *roue* |
| 오토바이 ôtʰôba'i | | *moto* |
| 트럭 tʰeulog | | *camion* |
| 소방차 sôbangtcha | | *camion de pompiers* |
| 구급차 gougeubtcha | | *ambulance* |
| 쓰레기차 sseulégitcha | | *benne à ordure ménagères* (véhicule) |
| 경찰차 gyongtchaltcha | | *voiture de police* |
| 청소차 tchongsôtcha | | *camion balayeuse* |
| 포크레인 pʰôkʰeuléin | | *pelleteuse* |
| 불 boul | | *feu, incendie* |
| 외투 wétʰou | | *manteau* |
| 부동산 boudôngsan | | *agence immobilière* |
| 비자 bidja | | *visa* |
| 대사관 dèsagwan | | *ambassade* |
| 표 pʰyô | | *billet, ticket* |
| 여행사 yohèngsa | | *agence de voyage* |
| 학부모 hagboumô | | *parent d'élève* |
| 법원 bobwon | | *tribunal* |
| 판사 pʰansa | | *juge* |
| 변호사 byonhôsa | | *avocat* (métier) |
| 배 bè | | *bateau* |
| 신호등 sinhôdeung | | *feu tricolore* |
| 차도 tchadô | | *chaussée* |
| 인도 indô | | *trottoir* |
| 화장품 hwadjangpʰoum | | *produit cosmétique* |

## Module 30
단어 DANO

| 여권 yogwon | *passeport* |
| 탁구 tʰaggou | *ping-pong* |

### Adverbe

| 왜냐하면 wènyahamyon | *parce que* |

### Verbes

| 담다 dam-da | *ramasser* |
| 출동하다 tchouldôngha-da | *intervenir* (police, secours) |
| 시원하다 siwonha-da | *être frais* |
| 지다 dji-da | *tomber* (feuilles, fleurs) |
| 인기 있다 in'gi iss-da | *être populaire, très demandé* |

# Module 30
## CORRIGÉ

## 기초 gitchô

**PAGE 287**
Moyens de locomotion
1 **A**  2 **D**  3 **B**  4 **C**

**PAGE 287**
Lieux
1 **A**  2 **D**  3 **B**

**PAGES 287-288**
Métiers
1 **D**  2 **B**  3 **D**

**PAGE 288**
Champs lexicaux
1 **A**  2 **B**  3 **A**
1 **A**  2 **B**  3 **D**

**PAGES 288-289**
Verbes
1 **C**  2 **A**  3 **C**

**PAGE 289**
La voix passive
1 **A**  2 **B**  3 **B**

**PAGES 289-290**
Questions/Réponses
1 **C**  2 **C**  3 **A**
1 **B**  2 **A**  3 **B**

**PAGE 290**
Synonymes
1 **A**  2 **A**  3 **D**

---

**Vous avez obtenu entre 0 et 7 ?** Reprenez chaque question en regardant les endroits où vous avez fait des erreurs.

**Vous avez obtenu entre 8 et 15 ?** C'est très moyen, mais ne vous découragez pas.

**Vous avez obtenu entre 16 et 23 ?** Formidable ! Analysez les erreurs et, si besoin, révisez la ou les notions que vous ne maîtrisez pas complètement.

**Vous avez obtenu 24 et plus ?** 참 잘했어요 ! tcham djalhèssoyô

 **Notes**

# Notes

# Notes

© 2021, ASSIMIL
Dépôt légal : août 2021
N° d'édition : 4275
ISBN : 978-2-7005-0870-3

Achevé d'imprimer en Espagne par
Ganboa - mai 2023
www.assimil.com